人力资源管理与企业建设

代霞 著

中国商务出版社
CHINA COMMERCE AND TRADE PRESS

图书在版编目（CIP）数据

人力资源管理与企业建设 / 代霞著. — 北京：中
国商务出版社, 2021.2（2023.4重印）
　　ISBN 978-7-5103-3732-1

　　Ⅰ. ①人… Ⅱ. ①代… Ⅲ. ①企业管理－人力资源管
理－研究－中国 Ⅳ. ①F279.23

中国版本图书馆 CIP 数据核字(2021)第 021403 号

人力资源管理与企业建设
RENLIZIYUAN GUANLI YU QIYE JIANSHE
代霞　著

出　　版：中国商务出版社
地　　址：北京市东城区安定门外大街东后巷 28 号　　邮编：100710
责任部门：职业教育事业部（010-64218072　295402859@qq.com）
责任编辑：魏红

总 发 行：中国商务出版社发行部　（010-64208388　64515150 ）
网　　址：http://www.cctpress.com
邮　　箱：cctp@cctpress.com

排　　版：正思工作室
印　　刷：河北赛文印刷有限公司
开　　本：787 毫米×1092 毫米　　　　1/16
印　　张：9.5　　　　　　　　　　　字　　数：197 千字
版　　次：2021 年 7 月第 1 版　　　　印　　次：2023 年 4 月第 2 次印刷
书　　号：ISBN 978-7-5103-3732-1
定　　价：50.00 元

前　　言

　　人力资源管理理论自 20 世纪 80 年代传入我国以来，越来越受到人们的重视。企业管理者意识到，人力资源管理对企业经营的成功具有关键作用，是企业保持竞争力的必要因素。人力资源管理聚焦于企业中所有的人，因此，在经济全球化大背景下，中国人力资源管理也面临着"国际化""本土化"及"特色化"等问题。

　　人力资源管理是企业基础工作之一，因其工作范围始终围绕着企业的员工，致使这项工作具有一定的复杂性与灵活性，要求从事该项工作的管理者既要掌握基本的专业"管人"知识，还必须具备很强的艺术素养。经过多年的发展，人力资源管理的基本活动以及所应具有的专业化知识已经形成了比较稳定的体系，具体包括人力资源管理认知、人力资源规划制定、员工使用与调配、员工工作胜任模型的建立与应用、员工绩效管理等方面。

　　随着经济全球化、一体化程度的不断加深，世界各国经济体之间的联系日益密切，同时竞争也在逐渐加剧。企业要想在激烈的市场竞争中赢得一席之地，甚至独占鳌头，除了要加大市场调研、生产出品质优良的产品、提供优质全面的服务之外，更要重视企业文化的建设。企业建设要坚定文化自信，推动社会主义文化繁荣兴盛。文化是一个国家、一个民族的灵魂。文化兴国运兴，文化强民族强。企业文化建设是企业在自身发展过程中形成的以价值观为核心的独特的文化，它是企业的灵魂并引导着企业的发展。企业文化是凝聚企业职工之心、提升核心竞争力的无形资产，它随着企业而生存，随着时代而变化，是企业开拓创新、不断发展的根基与灵魂。

　　纵观全书，结构完整，涉及企业改革与发展的方方面面，特别是对企业转轨时期遇到的难点、疑点、热点问题做了客观的阐释。该书采用资料丰富翔实，论述问题简明扼要，表达语言精炼流畅，相信本书将会成为广大企业经营管理者的良师益友。

目　录
CONTENTS

第一章　人力资源管理

在激烈的市场竞争中，企业为了寻求长期的生存和发展，必须从企业外部环境和自身条件出发，在明确企业的目的、经营宗旨和目标的基础上，制定出切实可行的总体发展战略，并在总体发展战略之下，制定出各类职能战略，如人力资源战略、营销战略、研发战略、生产战略、财务战略等。在这些战略中，人力资源战略处于核心性、中心性地位。面对竞争全球化、技术化、知识化的未来趋势，企业的竞争归根结底将是人才的竞争，企业必须制定合理的人力资源战略，以适应环境的变化和竞争的需要，并与企业的总体战略有效整合，以赢得企业的竞争优势。

第一节　人力资源的基本概念和特点

一、企业战略的基本概念和分类

（一）企业战略的含义

"战略"一词来源于战争，原是指统帅军队的将领，后来演变成军事上的一个重要术语，意为指导战争全局的计划和方略，是交战国的一方运用武装力量赢得战争胜利的一种科学和艺术。

"战略"一词应用到企业管理领域始于20世纪30年代末，最初出现在巴纳德所著的《经理的职能》一书中，作者为了说明企业组织决策机制，从有关企业的各种要素中产生了"战略"因素的构想，美国著名的管理学家安索夫所著的《企业战略论》一书问世，此后"战略"一词被广泛应用起来。

对企业战略基本概念的表述有很多种，西方学者阿尔弗雷德·钱德勒认为，战略是企业基本的长期目标及其为达到目标所采取的行动方案与配置所需资源的决策；迈克尔·波特认为，战略是公司为之奋斗的终点与公司为达到它们而寻求的途径的结合物。

加拿大麦吉尔大学教授明茨伯格认为，战略是一系列或整套的决策或行动方式，可以从五方面进行解释。一是计划（Plan），战略是一种有意识、有预计、有组织的行动程序，是解决一个企业如何从现在的状态达到将来位置的问题；二是计策

（Ploy），战略不仅仅是行动之前的计划，还可以在特定的环境下成为行动过程中的手段和策略，一种在竞争博弈中威胁和战胜竞争对手的工具；三是模式（Pattern），战略可以体现为企业一系列的具体行动和现实结果，而不仅仅是行动前的计划或手段，即无论企业是否事先制定了战略，只要有具体的经营行为，就有事实上的战略；四是定位（Position），战略是一个组织在其所处环境中的位置，对企业而言就是确定自己在市场中的位置；五是观念（Perspective），战略表达了企业对客观世界固有的认知方式，体现了企业对环境的价值取向和组织中人们对客观世界固有的看法，进而反映了企业战略决策者的价值观念。

综上所述可以认为，企业战略是企业根据其外部环境、内部资源和能力状况，为了企业的生存和发展，不断赢得市场的先机和竞争上的优势，对企业未来的发展目标，以及实现目标的途径、方式和方法所作出的总体谋划。

（二）企业战略的分类

按照不同的标志，企业战略有以下几种分类方法。

1. 按照企业战略的层次分类

可以分为总体战略、业务战略和职能战略。

总体战略也称公司战略，是企业从全局出发制定的未来一定时期内要达到的总体目标和总体规划，是企业一切行动的纲领和指导方针，是企业的战略经营单位及各个职能部门战略制定的指引。其战略重点是：公司内的资源如何有效配置和合理分配，各个下属单位如何提高绩效、相互协调聚集团体的竞争优势，如何根据公司的体制和战略目标开拓新的事业，进入新的领域等。

业务战略也称竞争战略、经营战略，是公司的二级战略或属于事业部层次的战略，受企业总体战略的指导。它一般是指在单一生产经营的企业中，为了生存、发展和赢利，实现总体战略目标，围绕企业的生产经营模式、增强市场竞争优势、提高整体绩效等问题所作出的战略决策。而在大型企业或企业集团中，往往有多个子公司、事业部或者其他具有相当独立地位的部门或单位，一般称为战略经营单位或者战略业务单位，这些战略经营单位或者战略业务单位层次的战略也属于业务战略，受大型企业或企业集团战略的指导并服从于大型企业或企业集团战略。

职能战略是涉及公司各个职能部门、充分发挥其功能以推动企业总体发展战略实现的具体的分支战略。不管是大型企业还是中小型企业，往往有多个职能部门，如生产部门、营销部门、财务部门、人力资源部门等，职能战略就是这些职能部门在企业总体战略或者战略经营单位战略的指导下制定的一定时期内的职能部门的运作策略。因此，本部分在特指经营战略或职能战略时，经常采用"策略"一词来替代，以显示它们与总体战略在范围和层级上的差别。

2. 按照企业的基本竞争方式分类

可以分为成本领先战略、差异化战略和集中化战略。

　　成本领先战略的目标是成为产业中的低成本生产厂商，较长时期内在价值链的各环节上企业产品成本保持同行业的领先水平，因此可以以低单位成本价格为用户提供标准化产品，以赚取更高单位利润，获取竞争优势。首先，采取成本领先战略的企业往往通过实现规模经济降低成本，并且能够在降低成本的同时满足消费者的需求；其次，采用最新技术来降低成本和改进生产力，或在可行的情况下采用廉价劳动力；再次，企业往往专注于生产力的提高，并将制造成本降到最低；最后，为了降低成本想方设法获得更优惠的供应价格。

　　为了实现低成本，企业还可以采取的经营策略有：减少产品和产品种类的数量，减少为顾客提供的服务；减少产品性能和质量特色；低工资和低福利；减少产品分销中使用的不同销售渠道的数量；延长给客户的送货时间；专注于提高生产率；提高或降低购入材料的价格等。但是这些策略可以供企业有选择的、适度的采用，因为这些策略在降低成本的同时，也可能给企业带来负面效应，如客户不满、员工流失、质量下降、公司声誉下降等。采用该战略还应注意可能出现的过度削价的威胁、容易忽视顾客需求特性和需求趋势的变化以及大量投资集中于现有技术、现有设备、对新技术的采用和技术创新反应迟钝等弊端。

　　差异化战略是指企业力求在顾客广泛重视的一些方面在产业内独树一帜，它选择许多客户重视的一种或多种特质，并赋予其独特的地位以满足顾客的需求。这些特色可以表现在产品设计、技术特性、产品品牌、产品形象、服务方式、销售方式、促销手段等某一方面，也可以表现在几个方面。为了保持产品的差异化，企业往往以提高成本为代价，伴随着成本的提高，企业的产品或服务价格也会相应提高，甚至高出同类产品很多倍，但是实行该战略之所以能成功是因为顾客对企业产品或服务特色的注意和信任，由此对产品价格不敏感，企业也因此可以获得较高的利润。

　　集中化战略也称聚焦战略或小市场战略，是指企业集中于整体市场的某一狭窄部分或专注于某类客户的特殊需求，来建立自己的竞争优势及其市场地位。由于经营目标集中，可以集中使用企业的人、财、物等资源，有条件深入钻研专门技术，很好地熟悉产品的市场、用户及同行业竞争方面的情况，一般适用于实力较弱的中小企业，可以做到以小补大，以专补缺，以精取胜，成为受市场欢迎的"小型巨人"。

　　3．按照企业的总体战略态势分类

　　可以分为发展型战略、稳定型战略和紧缩型战略。

　　发展型战略也称成长型战略，是以发展壮大企业为基本导向，致力于使企业在产销规模、资产、利润或新产品开发等某一方面或某几方面获得增长的战略，增长的方式可以通过自我发展或者外部并购、战略联盟等方式实现。发展型战略一般包括一体化战略、密集型成长战略和多元化成长战略。一体化战略是指企业对具有优势和增长潜力的产品或业务，沿其经营链条的纵向或横向扩大业务的深度和广度，扩大经营规模，实现企业成长。密集型成长战略，也称为加强型成长战略或集约型成长战略，是指企业在原有生产范围内充分利用在产品和市场方面的潜力，以快于过去的增长速度来求得成长与发展的战略，是较为普遍采用的一种公司战略类型。多元化战略是指同时生产和提供两种以上基本经济用途不同的产品或劳务的一种经营战略，可能跨越不同的行业，也可以是在同一行业内经营，但是产品或劳务有较大的差别，有着不同的经济用途。

稳定型战略又称为防御型战略、维持型战略，即企业在战略方向上没有重大改变，在业务领域、市场地位和产销规模等方面基本保持现有状况，以安全经营为宗旨的战略。采取稳定型战略的企业往往追求既定的或与过去相似的经营目标，企业战略规划期内所追求的绩效按照大体的比例递增，企业在产品上的创新也较少。

收缩型战略也称为撤退型战略，是企业从目前的战略经营领域和基础水平收缩和撤退的战略。收缩型战略有以下特征：第一，对企业现有的产品和市场领域实行收缩、调整和撤退战略；第二，对企业资源的运用采取较为严格的控制，尽量削减各项费用支出；第三，收缩型战略具有明显的短期性；第四，收缩型战略的目标侧重于改善企业的现金流量。

（三）企业战略的一般特点

从上述对战略以及企业战略基本概念的表述中不难看出，企业战略具有以下六个基本特点。

1. 目标性

企业战略必须体现企业发展总体目标的要求。企业发展目标是企业使命和宗旨的具体化。企业使命是指为了达到生存、发展和赢利等经济目的，对经营活动内容和业务范围即企业长期的战略意向，以及价值观、行为准则和经营理念所作出的正确定位。企业使命包括企业生存发展的目的、企业宗旨、管理哲学和经营理念等具体内容。企业目标是一个体系，既有长期目标，又有中短期目标；既包括总体的全局性战略目标，又包括局部的阶段性战役、战术目标。

企业目标是以下六种基本要素综合平衡的结果：第一，获利程度。获得满意的较高水平的利润，是实行战略管理的企业主要目标之一；第二，产出能力。企业的生产规模及产出能力标志着企业的贡献程度；第三，竞争地位。提高企业的竞争地位是企业战略的目标之一，企业产品的销售额和市场占有率是衡量企业绩效的主要指标，不占领市场的制高点，企业的经济目的就无法实现；第四，技术水平。企业的技术水平标志着企业参与竞争的能力，决定着产品的市场地位，关系到企业的战略选择，企业常常将技术领先作为重要的战略目标；第五，员工发展。在21世纪，员工的发展同企业的发展具有同等重要的意义，而且员工必须先于企业发展，才能形成企业的核心竞争力；第六，社会责任。现代企业要想取得长远发展，必须考虑包括股东、员工、消费者、供应商、社区等各类利益相关者在内的利益，必须承担除了经济责任、法律责任之外的社会责任，如提供质量安全可靠的产品、保护环境、支持公益事业等。

2．全局性

无论是从战争战略学的角度看，还是从企业战略学的角度看，战略问题都是指具有全局性的问题。研究企业生存发展的带有全局性的指导规律，应当是企业战略管理学的任务。

3．计划性

计划是由计划信息采集与分析、计划目标的定位、计划资源的供需平衡、计划决策、计划实施与检查、信息反馈等具体环节构成，企业战略的形成过程也就是一项战略管理计划形成的过程。企业战略管理的计划过程包括战略分析（了解企业组织所处的环境和相对竞争地位）、战略选择（战略制定、战略方案评价与选择）、战略方案的实施（采取措施实现战略目标）等内容。

4．长远性

企业战略是由总目标和若干分目标组成的。这些目标不是权宜之计，而是具有前瞻性的长远大计，即需要从企业发展的大局出发，"不畏浮云遮望眼"，登高望远，经过充分的预测、考量、剖析和综合平衡而最终确定的。企业发展战略是在未来相当长的一段时期内需要通过企业领导和全体员工的共同努力奋斗才能实现的。

5．纲领性

企业战略是企业为了生存、发展和赢利，实现企业的使命和宗旨，达到一定时期的发展目标而提出的一个纲领性的文件。这个文件指明了企业发展的总体方向，规划了企业未来发展的总体框架，对经营活动领域、业务扩张范围、技术攻关重点、企业获利水平、市场营销策略等一系列关键性问题做了基本定位，但它不可能面面俱到，只能"写意"划出粗线条。战略规划"具体细化"的任务是由企业中短期计划如年度计划来体现和完成的。企业年度计划是实施战略规划的具体操作计划，是实现战略规划目标的保障计划。

6．应变性、竞争性和风险性

企业战略不仅具有目标性、全局性、计划性、长远性和纲领性，还具有应变性、竞争性和风险性，前一类特点是相对稳定的，而后一类特点是动态的、随机可变的。由于企业外部社会经济环境和条件的复杂性和多变性以及内部资源的多样性，将使企业遭遇始料不及的各种挑战、压力和威胁，这些随机出现的困难和问题，既是一种挑战，又是企业发展的一种机遇。这就需要高度重视对企业战略"例外的特殊问题"的管理，提高企业战略管理的应变性、竞争性以及抵御风险的能力。

二、企业人力资源战略的概念和分类

（一）人力资源战略的基本概念

人力资源是其他物力、财力等资源的对称，是企业在一定的时间、空间条件下，劳动力数量和质量的总和。作为企业战略的下属概念，人力资源战略可以定义为是企业在对其所处的外部环境、内部组织条件以及各种相关要素进行系统、全面分析的基础上，从企业的全局利益和发展目标出发，就人力资源的开发（利用、提高和发展）所作出的总体策划。

人力资源战略作为企业战略的重要组成部分，除了具有上述企业战略的一般属性和特征之外，还具有两个鲜明的特点：一是它的精神性，相对于其他资源来说，人力资源是"软件"，属于哲学的精神范畴，而企业生产经营资料和条件、物力、财力等则属于哲学的物质范畴，按照正确的哲学观点，物质决定精神，精神又对物质产生巨大的反作用。人力资源战略作为企业战略的一部分，它虽然受到一定时期内企业外部环境和条件、企业的经营范围、生产规模、财务实力等因素的制约和影响，但它始终是一种重要的核心性战略，对企业的物质资源具有巨大的推动力；二是它的可变性、可调性。与企业其他的职能战略相比，如研发战略、生产战略、营销战略等战略计划运作的周期长，见效慢，而人力资源战略却具有更大的弹性和灵活性，运作的周期短，见效快，潜力大，效益高。

（二）人力资源战略的分类

人力资源战略按照不同的方式可以做出如下划分。

1．从时限上划分

从时限上划分，可以将人力资源战略分为长期战略和中短期战略。长期战略5年以上的人力资源的总体战略，中短期战略即在近期的3～5年以内所采取的战略决策。

2．从内容上划分

由于人力资源战略属于企业战略体系中第三个层级职能性战略，因此，在特指人力资源战略的具体内容时，通常使用了"策略"这一术语，以下同。

从内容上划分，可以将人力资源战略分为人力资源开发策略、组织变革创新策略、专才培养选拔策略、员工招聘策略、绩效管理策略、薪酬福利与保险策略、员工激励与发展策略以及劳动关系管理策略等。

3．从性质上划分

从性质上划分，可以将人力资源战略划分为吸引策略、参与策略和投资策略三种类型。第一，吸引策略主要是通过丰厚的薪酬吸引人才，培养人才，从而形成一支高素质的员工队伍。常用的薪酬策略如员工利润分享计划、奖励政策、绩效奖酬、附加福利等；第二，参与策略谋取员工积极参与组织决策的权力和机会，使员工在工作中有主动权，能充分调动员工的积极性和工作热情。采取这种策略的企业往往注重团队建设和管理，注重授权和员工的自我管理；第三，投资策略主要是视员工为企业的投资对象，通过聘用数量较多的员工，形成备用人才库，储备多种专业技能人才，注重员工的培训和开发，注意培育良好的劳动关系，以提高企业的灵活性。

4．从变革方式上划分

美国学者史戴斯和顿菲根据企业变革的程度以及管理方式上的不同，将企业人力资源战略划分为家长式、发展式、任务式和转型式策略。

家长式策略采取以指令式管理为主的管理方式，进行集中控制人事的管理，建立硬性的内部任免制度；人力资源管理的基础是奖惩和协议；强调程序、先例和一致性；强调操作和监督。

发展式策略采取以咨询式管理为主，指令式管理为辅的管理方式，注重发展个人和团队，制订大规模的发展和培训计划，尽量从企业内部进行招聘，注重运用内在激励多于外在激励；优先考虑企业的总体策略发展，强调企业的整体文化，重视绩效管理。

任务式策略以指令式管理为主，咨询式管理为辅，策略的制定采取自上而下的指令方式，强调人力资源规划、工作再设计和常规检查，注重企业业绩和绩效管理，注重对员工的技能培训，有正规程序处理劳动关系和问题，强调策略事业单位的组织文化，在员工招聘上采取内部招聘和外部招聘并重的方法。

转型式策略是当企业面临重大组织变革时采取的策略，由于重大变革会触及相当部分员工的利益而很难得到员工的普遍支持，企业只能采取指令式管理和高压式管理并重的方式保证变革的成功。因此，采取该策略往往会调整员工结构，进行必要的裁员；从外部招聘管理骨干；对管理人员进行团队训练，建立新的理念和文化；打破传统习惯，摒弃旧的组织文化，建立适应环境变化和组织发展需要的新的人力资源系统和机制。

三、企业制定人力资源战略的重要意义

在当代，企业发展战略以及人力资源战略为什么受到企业家的普遍关注，成为企业发展的热点和焦点问题，其原因有三：首先，世界经济的全球化以及变幻莫测的外部环境给企业带来了巨大的压力和挑战，使企业不得不以全新的视角来审视和思考未来。可以说，每一个成熟的企业都需要对以下几个基本问题作出正确的回答：企业未来将如何发展？企业如何迎接竞争对手的挑战？企业在日益激烈的市场竞争中怎样才能克敌制胜？其次，企业在今后的发展中如何把握事关全局的关键性工作，即需要明确地指出战略的重点是什么。毛泽东同志在《中国革命战争的战略问题》中指出，如果全局和各阶段的关照有了重要的缺点或错误，那个战争是一定要失败的。说"一着不慎，满盘皆输"，乃是说的带全局性的，即对全局有决定意义的一着，而不是那种带局部性的即对全局无决定意义的一着。战争如此，企业的发展也是如此，企业的决策者必须懂得全局的规律性东西，学会指导和把握住全局，才能更有效地指导各个阶段的局部性工作，使局部的阶段性工作服从于全局、服务于全局。最后，现代企业除了受到外部环境的压力，还面临自身的各种资源如何有效开发与利用的问题。特别当涉及企业发展的重大战略问题时，企业不可能超越现有物质资

料的占有情况，也不可能超越现有的财务实力和人力资源的现状，盲目地作出某种超现实的设想。总之，企业需要根据内外部的环境和条件，从现实和可能出发，通过对各种资源的综合平衡，明确自身的努力方向和奋斗目标，才能把握企业发展的全局，在激烈的市场竞争中保持优势，克敌制胜。

在企业总体战略确定的情况下，制定人力资源战略具有以下重要意义。

（一）有利于使企业明确人力资源管理的重点

使企业明确在未来相当长的一段时期内人力资源管理的重点，即哪一项工作是真正值得投入，需要加以关注的。

（二）有利于界定人力资源的生存环境和活动空间

企业的管理问题可以分成内外两个部分，对内管理的目的是如何在现有的组织构架下，获得生产和工作活动的高效率化；对外管理的目的是如何在所处的环境下选择和拓展自己的生存发展空间，与外界机构、组织以及资源提供者保持均衡的互利互惠关系。企业竞争战略的着眼点立足于后者，而人力资源战略不仅要重视前者，更多的是考量后者。事实证明：很多企业的成功，并不完全是靠高水准的内部管理，有些企业是在关键时刻把握住了商机，有些企业则是掌握了关键性的资源，如核心技术、顶尖的专门人才等，有些企业则是设置了各种"防火墙"，采取积极的防御措施，保持了人力、物力和财力等竞争的优势。由于企业人力资源战略的着眼点是如何使企业保持人才竞争的优势，因此，它的制定有利于界定人力资源的生存环境和活动空间。

（三）有利于发挥企业人力资源管理的职能以及相关政策的合理定位

企业人力资源管理的职能包括：吸引、录用、保持、发展、评价和调整六个方面。这些职能之间相互制约、相互影响和相互作用，在企业价值链的运行中发挥着积极的主导作用。但是这种主导作用的正常发挥，有赖于正确的策略和劳动人事政策的指引。企业必须根据人力资源战略的要求，对一定时期内的工作重点以及与之配套的劳动人事政策作出明确的规定，才能使人力资源的职能部门明确工作的目标，把握住正确的工作方向。

（四）有利于保持企业人力资源长期的竞争优势

企业人力资源战略核心是从全局发展的要求出发，着眼于企业人力资源的未来，增强和保持人力资源竞争的优势。企业人力资源战略虽然是着眼于将来，对企业资源的长期开发利用有着重要的指导意义，但是它并没有忽视对企业当前的工作目标和行动方向的指引，特别是对那些带有全局性的关键事项的调控。列宁指出，战略家必须"朝着大的目标走去，又必须从小的目标开始"。一项成功的人力资源战略不仅要具有前瞻性，对企业人力资源管理发展的总方针和总方向作出明确的规定，还必须从企业现有资源状况出发，对各个阶段性工作作出正确的指引。

（五）有利于增强领导者的战略意识

人力资源战略的确定是企业领导者的天职，这是因为：第一，企业人力资源战略决策所需要的各种信息，来自企业各个部门，只有企业领导者才有可能接触并掌握这些资料和数据；第二，由于居于高位的领导者与外界保持着密切联系，只有他们才最了解谁是自己的主要竞争对手，谁又是潜在的、未来的竞争对手，或者是有力的支持者、合作者；第三，战略的实施需要调动包括人力资源在内的企业所有资源，唯有企业的领导者有权全面地调节、配置和指派这些资源；第四，战略决策具有很大风险性，为了规避风险提高其效度和信度，唯有企业领导者可能具有这样的能力和远见，而一般员工"不在其位，不谋其政"，不可能具有这样的胆识和远见。通过战略的制定与贯彻，将进一步促进企业领导者战略意识的提高。

（六）有利于全体员工树立正确的奋斗目标，鼓舞员工的士气，增强员工的信心，努力进行工作

人力资源战略的确定和贯彻落实，将使员工树立起正确的信念和奋斗目标，从根本上拓宽了员工生存和发展的空间，为有效地调动员工生产积极性、主动性和创新性提供了前提条件。

第二节 企业战略与人力资源策略的关系

一、企业战略与人力资源策略的基本关系

（一）企业总体战略决定企业人力资源策略

企业战略是从企业全局出发，综合考虑企业外部环境和内部资源和能力状况而作出的未来一定时期内的规划，而人力资源策略是企业职能战略中的重要部分。戴尔曾提出组织战略是人力资源策略的主要决定因素，并列举事实来证明其观点。拉贝尔在调查11家加拿大企业的高层管理人员时发现，大部分被调查者认为组织战略是人力资源策略的决定因素，组织追求的战略目标不同，人力资源策略的形成就会有很大的差异。舒勒也提出较高层次的组织战略是人力资源策略的决定因素，认为不同的组织战略决定不同的人力资源策略，企业战略通过对组织结构和工作程序的作用对人力资源策略产生影响；企业战略与人力资源策略之间存在着密切联系，后者与前者是一体的。

人力资源策略定位于企业的职能战略层次上，企业战略决定企业的人力资源策略，人力资源策略必须适应企业战略的要求。如前所述，在英文中"strategy"具有双重含义，既是指战略，也可指策略。在上述的分析中，泛指企业战略管理中人力资源问题时，使用了"人力资源策略"的术语。实际上，作为企业的职能战略，人力资源策略更应体现具体的、操作性强的人力资源管理活动或计划，因此，使用"人力资源策略"的术语，更能体现和反映其概念的内涵。

（二）企业人力资源策略影响企业战略的实施

伦格尼可·霍尔认为，组织战略与人力资源策略之间相互依赖，二者之间有双向作用，人力资源策略不仅受到组织战略的影响，其对全面的企业战略的形成和执行有着独特的贡献。人力资源策略的产生是为了适应组织的成长期望和组织对成长期望的准备，如果组织有较高的期望，而企业的人力资源策略还不成熟，组织会采取以下行动：

第一，对人力资源进行投资以提高执行能力。

第二，是根据所缺乏的准备条件调整组织目标。

第三，利用现在的人力资源配置优势改变战略目标。

人力资源策略不仅影响企业战略的实施与调整，而且也支撑着企业战略的实施与调整。这是因为企业战略的实现离不开企业人力资源作用的充分发挥，企业要获取战略上成功的各种要素，如研发能力、营销能力、生产能力、财务管理能力等，最终都要落实到人力资源作用的发挥。人力资源战略管理强调通过人力资源的规划、政策及管理实践达到获得竞争优势的人力资源配置的目的，强调通过人力资源管理活动实现组织战略的灵活性，强调人力资源管理活动的目的是实现组织目标。因此，人力资源策略是组织战略的有力支撑，是组织战略不可或缺的有机组成部分。

二、在不同的总体战略下人力资源策略的选择

对于企业人力资源职能部门来说，从总体发展战略出发，根据企业参与市场竞争的经营战略目标的要求，适时地作出人力资源策略决策，是自己义不容辞的责任。但是，一些企业在制定人力资源策略时，往往忽视了它与企业其他战略之间的系统性、协调性和配套性。从人力资源管理的地位和作用来看，它确实是企业管理的中心、核心和重心，但对不同时期、不同条件、不同规模的企业来说，企业人力资源策略的覆盖范围、具体内容和作用程度也不尽相同。在研究人力资源战略管理的问题时，一定要实事求是，既不能低估其重要的地位和作用，也不能无限地加以夸大。虽然人力资源策略是企业总体发展的重要支撑点，是企业发展战略的重要组成部分，但它毕竟是企业战略的下位概念。

按照企业的总体战略态势分类，企业战略可以分为发展型战略、稳定型战略和紧缩型战略。这三种战略是基于不同的战略环境和企业内部实力的情况下的战略选

择，相应的企业人力资源策略也应采取不同的方式。

（一）基于发展型战略的人力资源策略选择

发展型战略强调未来一定时期内企业和现有的战略水平相比有较大的进步。从企业经营范围来看，采取发展型战略的企业可以是单一产品或服务的提供商，也可以是多元化成长的企业或者一体化纵向发展的企业。因此，可选择以下三种与之对应的人力资源策略。

1．单一产品发展战略

采取该发展战略的企业往往具有职能型组织结构和规范的运作机制，具有高度集权的控制和严密的层级指挥系统，各部门和人员有严格的分工，这类企业往往采取家长式人力资源策略，以指令式管理为主，在员工甄选、招聘和绩效考评上，较多地从职能作用上评判，并且较多依靠各级主管的主观判断；在薪酬方面，采用自上而下的家长式分配方式；在员工培训和发展方面，以单一的职能技术为主，较少考虑整个系统。

2．纵向一体化发展战略

采取该发展战略的企业在组织结构上仍较多实行规范性职能型结构的运作机制，控制和指挥同样较集中，但这类企业更注重各部门实际效率和效益，一般会采用任务式人力资源策略，强调人力资源规划、工作再设计和常规检查，注重企业业绩和绩效管理，强调战略事业单位的组织文化；人员的招聘、甄选和绩效考核较多依靠客观标准，立足于事实和具体数据，奖酬的依据主要是工作业绩和效率，员工的发展仍以专业化人才培养为主，少数通才主要通过工作轮换进行培养和发展。

3．多元化发展战略

采用该发展战略的企业既可以是跨越不同的行业或产业，也可以是在同一行业中发展但产品或服务有较大的差别，如利用甘蔗生产蔗糖并利用残渣造纸同属化工行业，但是蔗糖和纸两类产品的经济用途截然不同，因此生产这两类产品的企业属于多元化发展。采取多元化战略的企业由于涉及多种经济用途不同产品的生产或服务的提供，通常采用事业部制组织结构，各事业部有相当的独立性。这类企业的发展变化比较频繁，通常会采取发展式人力资源策略，注重发展个人和团队，重视绩效管理，在人员的招聘上，较多采用系统化标准，在绩效考核方面，较多依靠客观标准，主要依据员工对组织的贡献，主客观标准并用，往往通过跨职能、跨部门甚至是跨事业部的系统化开发。

（二）基于稳定型战略的人力资源策略选择

采取稳定型战略的企业主要有三种情况。

第一种，企业所处的外部环境比较稳定，企业比较成功；第二种，企业外部环境较好，但是企业内部实力较差；第三种，企业经过一段时间的快速扩张或紧缩之后，采取稳定型战略有利于企业休养生息，等待机会。

不论是哪一种情况，采取稳定型战略的企业都希望在未来一定时期内不会有大的扩张或收缩，因此组织不会有大的调整，人力资源也会相对稳定，人力资源策略的目标就是谋求人力资源活动的稳定运行，不会出现大量的裁员或聘用人员活动，由于比较稳定，企业成长的机会有限，给予员工的发展和锻炼机会也会较少，容易导致部分核心员工的离职。当公司采取稳定型战略时，人力资源策略的重点应是保留住核心员工，维持人员稳定。

（三）基于紧缩型战略的人力资源策略选择

由于紧缩型战略是从目前的战略经营领域收缩或撤退，因此采取该战略的企业，要对组织的目标、组织结构、经营管理程序等一系列问题进行重新思考和选择，人力资源策略也要作相应调整，降薪和裁员是通行的做法。但是面临变革，这两种做法都会影响员工的士气和信心，因此人力资源策略的重点是规划和实施好员工的解雇工作以及对剩余员工的管理工作。员工的解雇主要包括解雇人员的计划、解雇的方式以及再安置的问题，对于剩余员工的管理，主要是增强员工安全感和提高工作士气的问题。

三、不同竞争策略下人力资源策略的选择

在日益激烈的市场竞争中，企业获得竞争优势，赢得市场，基本的竞争策略有三种，即成本领先策略、差异化策略和集中化策略。而集中化策略归根结底也要考虑是靠特色取胜还是靠成本取胜，因此，现实中这三种竞争策略可以归为两类，即成本领先策略和差异化策略。这两类竞争策略的侧重点各有不同，对企业的要求也完全不同，企业只能根据现有情况，突出重点，选择最有利的竞争策略。

在企业确定采取某种竞争策略之后，企业人力资源管理将如何与之配合，充分发挥积极的推动作用，便成为一个极为重要的课题。如前所述，美国康奈尔大学在一项专题研究中，提出了人力资源管理与之对应的三种策略，即吸引策略、投资策略和参与策略。

（一）吸引策略

在企业采取成本领先策略时，宜采取科学管理模式（如泰勒制）。其特点是：中央集权，高度分工，严格控制，依靠工资、奖金维持员工的积极性。

采用吸引策略的企业，其竞争策略是以廉价取胜。因此，企业的组织结构采用中央集权的模式，生产稳定、规模较大，分工细、协作紧密，它要求员工具有一定的稳定性和可靠性，掌握简单的操作技术，高效率地进行生产，并对员工进行严格的监督和控制。

在采用成本领先竞争方式的情况下，企业要尽量减少一切与业务无关的开支，

对人工成本实行严格的控制，因此员工的配置要以"人少高效"为目标，企业无论是在招收、录用，还是在人员培训方面投入的资金很少，企业与员工的关系纯粹是一种简单直接的利益交换关系。

（二）投资策略

在企业采取差异化策略时，为了实现差别化地提供创新性产品策略，宜采用投资策略模式。美国IBM公司就属于典型的采用人力资源投资策略的企业。其特点是：重视人才储备和人力资本投资，企业与员工建立长期工作关系，重视发挥管理人员和技术人员的作用。

采取投资策略的企业，企业内在的环境与采取吸引策略为三的企业大不相同，主要区别是：第一，其竞争策略通常是以创新性产品取胜；第二，其生产技术复杂，对人员的要求很高。为了适应市场的变化和生产技术进步，企业始终处在一个不断成长、发展和创新的环境和过程中。

为了有效地配合企业创新策略的实施，采取人力资源投资策略的企业，常常聘用多于实际工作需要的员工，注重专门人才的储备和培养，高度重视对员工的教育培养和训练，不断提高员工个体素质和企业的整体素质，并通过较高的薪酬、福利和保险，与员工建立长期稳固的关系。企业将人员作为投资的主要对象，以求获得技术与产品创新的竞争优势。

（三）参与策略

在企业采取差异化策略时，为了实现差别化地提供高品质产品策略，宜采取参与策略。其特点是：企业决策权下放，员工参与管理，使员工具有归属感，注重发挥绝大多数员工的积极性、创造性和主动性。

采取参与策略的企业，立足于产出高品质的产品，企业将决策权下放到基层，使每个员工都有参与决策的机会。例如，日本企业中的小组自管制使员工享有较大自主权，小组员工的聘任由小组决定，管理人员只为小组提供必要的信息和技术上的支持，培训的重点放在员工的沟通、协调以及解决问题的能力方面，薪酬与奖励制度也是以小组为单位贯彻实施，这样就从根本上保障了全面质量控制（TQC）制度得到有效的贯彻实施。

总之，企业无论采取哪一种人力资源管理策略，其主旨都是一样的，即通过系统有效的人力资源管理，统一员工的观念和行为，协调员工与企业的关系，充分调动全员的积极性、主动性和创造性，一方面使员工适应企业内在的环境和要求，另一方面使人力资源成为实现企业竞争策略强有力的内在动力。

企业竞争策略与人力资源管理策略的决策能否得到完全贯彻，有赖于企业职能性的人力资源管理的计划性、系统性和有效性。企业人力资源管理系统科学的设计和有效推行，将直接影响员工的信念、精神状态和行为，而员工的信念、精神状态和行为又是决定企业竞争策略成败的关键。

企业人力资源管理系统是通过两个基本途径来影响企业精神、员工信念和行为的，一是物质性的管理活动的作用和影响，二是企业各种有益信息的传递和灌输。企业所有的人力资源管理活动，如人员的甄选、调配、晋升、考评、培训、薪酬福利等，除了具有各自专门的作用之外，还有一个更重要的功能，就是直接向员工表明：哪些信念和行为是企业赞赏、支持和鼓励的，哪些信念和行为是企业坚决抵制、排斥和反对的；什么东西最重要，什么东西不重要。同时，通过人力资源的信息系统持续不断地向员工传递和灌输各种有用的信息，潜移默化地对员工进行教育，使他们能够尽快地融入企业。例如在员工入职培训时，应将企业的经营理念、发展战略以及规章制度，向新员工作出详细的诠释，使他们对企业文化有较为深入、全面的认识；在进行绩效评估时，对优秀员工进行表彰，树立典型和模范，又使员工对什么是正确的工作行为有了更具体的感受。

当企业根据内外环境和条件的变化，从企业文化的要求出发，制定了企业竞争策略和人力资源管理策略之后，企业人力资源的职能部门就要按照系统的设计组织日常的管理活动。由于企业竞争策略和企业文化背景不同，人力资源管理的具体方式方法也就大不相同。例如，采用人力资源吸引策略的企业，其人员的补充主要有赖于外部劳动力市场，工作岗位的要求严格具体，员工晋升的路线阶梯狭窄，职位不易转换。在这种企业中，员工绩效评估具有三个特点：注重短线目标，以最终成果为评估标准，以个人考核为主体。在员工培训上，投入很少，强调"急用先学、立竿见影"，只要求员工掌握简单的应用技巧；在薪酬上以对外公平为原则，不但薪酬水平低，员工的归属感、雇用保障也很低。相比之下，采用人力资源投资策略或参与策略的企业，其具体管理模式和方法存在较大的差异。

四、企业战略与人力资源策略四种不同的关系形式

在企业实践中，人力资源策略的制定有三种情况：第一，人力资源策略完全根据企业总体战略的需要而制定，人力资源管理者不参与总体战略的制定；第二，人力资源规划和企业总体规划之间有双向的沟通，人力资源管理者一方面促成总体战略的制定，另一方面也回应总体战略的需要；第三，人力资源管理者积极参与企业总体战略的制定，既可以是正式的，也可以是非正式的。因此，在企业战略的执行过程中，人力资源策略与总体战略之间存在四种不同形式的关系，即行政关系、单向关系、双向关系和一体化关系。

（一）行政关系

人力资源管理过程与企业战略管理的全过程相分离，人力资源部门仅仅从事与企业的核心业务没有太大联系的日常性行政管理工作，不参与企业战略的形成及实施，人力资源管理停留在人事管理的水平，这种情况也会使得企业战略难以有效地

实施。

（二）单向关系

企业战略制定后再通知人力资源部门，人力资源部门虽然不参与战略的制定和形成，但参与战略实施，人力资源部门的职能就是根据企业战略制定和实施人力资源策略方案。在这种关系中，组织虽然承认人力资源部门在企业战略执行中的重要作用，但人力资源职能被排除在战略形成过程之外，也会导致企业战略往往不能成功实施。

（三）双向关系

在双向关系中，人力资源部门不仅参与企业战略的制定，也参与企业战略的实施，在形成企业战略的过程中提出建议，将人力资源问题一并考虑，进而实施企业战略，企业战略和人力资源策略彼此相互依赖，较好地保证战略制定，并能成功实施。

（四）一体化关系

在一体化关系中，人力资源管理活动完全融入企业战略的制定和实施之中，企业战略和人力资源策略始终处于一种动态的、全方位的、持续的联系状态，人力资源的高层管理者往往是企业高层管理团队的成员，参加企业所有重要的经营决策，结果是能够保证企业战略所需要的人力资源的储备及投入，保正企业在竞争中处于有利地位及企业战略的成功实现。

第三节　企业人力资源的影响因素

随着生产经营活动的不断拓展，企业人力资源与企业的其他资源一样，总是受到外部环境和内部条件的制约和影响。因此，在制定企业人力资源战略方案时，只有充分地把握企业内外部各种影响因素及其作用的程度，才能切实保证战略方案的科学性、合理性和可行性。

企业人力资源战略的制定必须建立在对客观环境和形势冷静分析、正确评价的基础上，而对同行业或同类产业结构的分析研究是最重要的前提。迈克尔·波特在他的《竞争战略》一书中，通过对产业竞争的系统分析，提出有五个重要因素决定着产业竞争状态：一是新进入本行业者的威胁；二是产业内部现有企业的竞争；三是替代性的产品或服务的威胁；四是购买者谈判条件和实力；五是供应商的谈判条件和实力。一旦企业对这些产业竞争因素作出全面分析和正确把握之后，便可以根据实际情况提出适合自己环境和条件的竞争策略。

一、企业外部环境和条件

（一）劳动力市场的完善程度

劳动力市场的运行过程也就是求职者与用人单位以及社会中介、政府之间相互影响和作用的过程。具有市场主体资格的劳动者和用人单位始终是劳动力市场运作的主角，企业在一定时期内对具有一定数量和素质的劳动力的补充，形成了劳动力市场的需求方，而素质不同、要求各异、个性多样的劳动者，无论是短期聘任还是长期使用，他们始终是劳动力市场的供给方。

企业外部劳动力市场的劳动供给与以下因素有关：第一，劳动力参与率，由于经济的发展，我国劳动力参与率在逐年提高，劳动力参与率受到社会文明程度、教育普及率、劳动时间的长短等因素的制约和影响；第二，人口的平均寿命；第三，工作时间长度；第四，人员的素质和技能水平提高的程度；第五，国家经济发展水平以及增长率、投资率与消费率的影响。

企业作为劳动力市场的需求主体，它要根据企业总体战略发展的目标，从生产经营、财务实力、装备水平、技术研发等方面的要求出发，确定一定时期内劳动力补充的种类和数量。当企业所在地区的劳动力市场不太健全完善的情况下，即企业处在不完全竞争的劳动力市场的状态下，一方面劳动者信息不灵，对劳动力市场缺乏全面的了解，另一方面劳动力供给相对大于需求，很多求职者不愿冒失业的风险，这就使企业在劳动力需求上具有一定的独占性，可以按照自己预定的劳动价格招收劳动力。正是这种劳动交易的相对独占性，使企业往往按照例行的规则和一般通行的办法，处理、调整劳动力市场的供求关系。目前我国大多数企业在人员招聘方面所依据的规则或标准，基本上是本行业或本企业经过较长时间的尝试认为比较可行的方法，采用这些例行的规则，可以减少劳动力供需双方的风险和不确定性。

实际上，在社会保障制度、劳动法律体系、员工技能培训与开发机制，以及劳动就业服务机构等基础工作都比较健全完善的条件下，企业作为劳动力需求方，将处于劳动力市场的完全竞争之中，除了它的行为受到法律法规的约束外，它还要遵守市场公平竞争、公平交易的原则，它的独占性将遇到巨大的挑战。在这种情况下，每个企业虽然对求职者具有不同的偏好，但它不可能以市场的平均价位录用所有符合资格条件的求职者。企业必须根据不同时期劳动力市场的供求关系以及各类劳动者薪酬福利保险方面等条件的变化情况，及时地提出正确的人事政策和招聘策略。

一般而言，企业劳动力的补充存在着两种来源：一是外部的劳动力市场；二是企业内在的劳动力市场。企业大部分级别比较低的岗位，其人员是由外部市场招聘录用的，而企业中级以上的岗位空缺，大部分是通过内在市场来补充，即由企业现有人员升任的。企业在采用内部升补制时，其薪酬水平并不完全受市场价位的制约和影响，它要考虑诸如任职年限、技能水平、贡献大小，以及同类同级岗位的薪酬水平等很多因素才能最终确定。

（二）政府劳动法律法规的健全程度

目前，我国劳动法律的司法、立法、执法和守法体系基本形成，各类企业中的劳动者只要诚实劳动、遵纪守法，他们正当、合法的权益将会受到有效的保护。作为企业来说，根据其发展战略的要求，制定和采取何种竞争策略，实施哪一种人力资源政策和策略，都必须符合国家和地方政府主管部门发布的各种法律、法规和规范性文件，企业不但应当成为市场竞争的胜者，也应当成为社会守法的主体。

（三）工会组织的作用

在我国，中华全国总工会以及下属的各级地方工会是唯一合法的代表企业员工权益的社团组织和法人。随着社会主义市场经济体制的逐步健全和完善，工会组织在企业中的地位和作用越来越突出和重要。

工会的基本职责是维护职工的合法权益，工会通过平等协商和集体合同制度，协调职工与用人单位的劳动关系，维护职工的劳动权益。工会依照法律的规定通过职工代表大会或者其他形式，组织职工参与本单位的民主决策、民主管理和民主监督。此外，工会还是企业文化的积极宣传教育和推动者，它要动员和组织职工积极参加经济建设，努力完成生产任务和工作任务，不断提高思想道德、技术业务和科学文化素质，协助用人单位建设有理想、有道德、有文化、有纪律的职工队伍。

为了切实保障职工的合法权益，工会将在劳动合同的签订、劳动关系的建立和调整、工资谈判与集体协商、劳动争议的处理、职工工资福利和保险、劳动保护、职业安全和卫生、职业病防治、工作时间和工作轮班、女职工合法权益和保护等涉及职工切身利益方面发挥重要的作用。同时，《工会法》还针对不同类型企业的工会组织，在参与企业生产经营和管理方面的地位和作用做了明确的界定。

二、企业内在环境和条件

企业人力资源战略作为企业总体发展战略的一部分，它的确定不仅受到竞争策略的制约和影响，而且还需要在充分考量外部环境和条件的基础上，分析研究企业内在的要素，把握这些要素的相关性以及交互作用和影响的程度，从而增强人力资源策略确定与选择的针对性、配套性和可行性。

（一）企业文化

企业文化是指在企业中长期形成的共同思想、作风、价值观念和行为准则，它表现为一种具有企业个性的信念和行为方式。美国的昆恩教授按照企业的内向性和外向性、灵活性和稳定性，将企业文化区分为家族式文化、发展式文化、市场式文化和官僚式文化四种类型。

企业文化以企业精神（企业在长期实践中形成的全员认同的理想、价值观和信念）为内核，最外层是企业物质文化层（厂容厂貌、技术装备和工作地配置水平、产品造型、外观、质量等），也称企业文化；中间层是企业制度文化层（企业领导体制、人际关系、各项生产经营管理制度），它是企业物质文化与精神文化的中介，企业精神通过中介转化为物质文化；最内层是企业精神文化层（行为规范、价值观念、群体意识、员工素质），也称企业软文化。企业文化具有整体性、稳定性、开放性、可塑性和独特性。独特性又包括时代性、地域性、民族性和行业性。企业文化有创新型、努力型、敬业型、过程型和风险型等多种典型，具体有企业的信息文化、广告文化、娱乐文化、技术文化、教育文化、精神文化、生产文化、沟通文化等多种表现。企业文化具有凝聚的功能、规范的功能、激励的功能、渗透的功能和革新的功能，是现代企业生存与成功之本。

总之，企业文化实质上是企业内部的物质、精神和制度诸要素的动态平衡和最佳结合，它的精髓是提高员工的道德、文化与职业素养，重视员工的社会价值，尊重员工的独立人格。

（二）生产技术

企业的生产技术水平与企业人力资源管理制度存在着非常密切的联系。不同的技术装备对员工的素质和技能有不同的要求，它直接对企业员工的招收、选拔和培训等提出了具体标准和要求。

（三）财务实力

企业的财务状况直接关系到人力资源策略的定位，直接影响到企业的招聘能力、劳动关系、绩效考评、薪酬福利与保险、员工技能培训与开发等人力资源运作模式的选择以及具体管理制度的制定。当遇到经济不景气或者因市场激烈竞争造成产品滞销，企业资金不足，财务遇到严重困难，以致需要采取应急措施时，企业的劳动关系将面临较大的挑战和压力，是保持良好的合作关系，同舟共济以求共存，还是遣散员工，各奔前程，自谋生路。在巨大的财务压力下，有些企业不得不"忍痛割爱"，采取大幅度裁员的办法；也有的企业及时调整对策，寻求新的途径如适度减薪、停薪等，以共渡难关。虽然企业财务实力对企业人力资源策略具有很大的制约力和影响力，但在进行决策时还是有一定空间和回旋余地。

第四节　企业人力资源的总体设计

从某种意义上说，企业领导者既是企业战略的设计者，也是战略实施的指挥者。一个企业的领导者必须积极主动地参与企业战略管理的全过程，担当起战略指挥的重任，才能成为一个成功的业绩卓越的领导者。

企业战略管理的主要内容是：一是设计企业发展远景；二是明确企业的主要任务；三是分析企业外部环境和条件；四是掌握企业内部资源的现状；五是设定企业战略总目标和分目标；六是为完成每一项目标制定行动方案；七是贯彻实施行动方案；八是对实施过程进行监控，保证行动方案的落实。因此，一个成功的企业战略指挥者应当担当起以下主要的职责：对企业发展远景和任务的描述进行审查；对企业外部环境和内部的资源状况有清晰、准确、全面、深入的认知；对总目标作出科学合理的分解，提出分步实施的计划；对战略实施的全过程进行监控。

从企业人力资源战略管理的全过程来看，它是人力资源战略的设计与形成、战略的贯彻实施、战略的评价与控制三个主要环节的统一。

一、企业人力资源战略设计的要求

企业人力资源战略的设计，应当充分体现"信念、远景、任务、目标、策略"等基本要素的统一性和综合性。

信念是企业文化的内涵，属于精神范畴，它要对企业为什么存在，企业的价值观作出简洁明确的概括。如摩托罗拉公司将自己企业的信念概括为：始终如一以礼待人，恪守公正诚信不渝。再如，TCL公司提出了员工应当秉持"敬业、诚信、团队、创新"的信念，以实现企业"为顾客创造价值，为社会创造效益，为员工创造机会"的经营宗旨。

任务是企业所肩负的责任和义务，以及对社会上客户的承诺。如施乐复印机公司提出：我们要帮助您提高办公效率。再如台积电公司提出：我们要兼顾员工福利与股东权益，尽力回馈社会。

目标是对企业发展的长期、中期和短期目标的定位。策略是实现战略的具体措施和办法。

二、企业人力资源内外环境的分析

如前所述，企业人力资源受到多种因素的制约和影响，在制定企业人力资源战略时，需要从企业战略的基本概念体系（信念、远景、任务、目标、策略）出发，对企业人力资源环境进行总体的分析研究。

（一）人力资源外部环境分析

企业人力资源外部环境分析的目的是，全面了解和掌握外部环境的状况及其变化的总趋势，并揭示企业在未来发展中可能遇到的机会（发展的机遇）和威胁（面临的风险）。分析的内容包括：一是社会环境分析，主要是对社会经济、政治、科技、文化、教育等方面发展状况和总趋势的分析。二是劳动力市场的环境分析，包括对劳动力市场四大支持系统的分析（就业与失业保险体系、劳动力的培训开发体系、中介服务体系和相关法律法规体系）；对劳动力市场功能的分析，如劳动力市场覆盖率、劳动力流动率以及劳动力流动的结构分析，各类专门人才供给分析，劳动力市场价位变动情况的分析；通过劳动力市场进入本企业的各类劳动力供给来源的分析（地域特点、员工素质状况、劳动力流动率和稳定性等）；劳动力市场的这些变数将会对企业产生何种有利与不利的影响。三是劳动法律法规和政策的环境分析，各种法律法规对企业产生了何种影响，利弊得失如何。四是产业结构调整与变化对企业人力资源供给与需求的影响分析，它对本企业将产生何种影响，企业的优势和劣势是什么。五是同行业各类劳动力供给与需求的分析，本企业与同业在人力资源市场的竞争中具有何种优势和劣势。六是竞争对手的分析，掌握竞争对手的相关情况，竞争对手采用何种策略吸引和留住人才，其企业文化状况与人力资源策略的分析，人力资源管理具体模式的分析等。

（二）人力资源内部能力分析

企业人力资源内部能力分析是从企业人力资源的现状出发，通过全面深入的分析，了解并掌握企业在未来发展中的优势和劣势，为人力资源战略的确定提供依据。通过对人力资源内部能力的客观全面分析，将有利于企业针对人力资源现存的问题，有效地克服各种妨碍企业战略目标实现的缺点或缺陷，并就如何继续保持和增强企业人力资源的竞争优势作出正确的决策。

企业人力资源内部能力分析的内容包括：一是企业人力资源的现状分析，各类专门人才（技术人才、管理人才和其他人才）的需求情况分析，人员素质结构的分析，员工岗位适合度与绩效情况的分析等；二是企业组织结构的分析，通过组织分析和诊断，发现组织上的优势以及存在的主要问题，提出组织变革和创新的设想；三是人力资源管理的规章制度以及相关的劳动政策的分析，企业在劳动组织、分工与协作、工作小组、工时与轮班制度、安全生产与劳动卫生、薪酬福利与保险，以及劳动关系和劳动争议处理等方面存在的优势和劣势；四是企业文化的分析，从文化的内涵，如企业精神的培育、员工信念的树立、企业价值观的认同，乃至企业形象的设计，通过认真检讨，找出企业文化的优势与缺陷、不足，并提出意见和建议。

在对人力资源内外部环境条件和能力分析的基础上，还需要进一步对企业人力资源在未来发展中可能获得的机遇以及可能遇到的威胁和挑战，作出冷静客观的分析。机遇包括：经济高速发展，政府政策更加宽松，劳动力市场机制日臻完善，竞争对手决策失误，突破同业的防御进入新的领域，企业全员素质迅速提高，集团凝聚力明显增强等；威胁包括：经济低迷，发展速度明显放慢，不利的政府政策，劳动力市场供求矛盾突出，劳动力成本上涨，竞争对手迅速成长，潜在竞争者进入市场，进攻不利，防御失败等。

第二章　人力资源管理规划

第一节　人力资源管理规划的概念

一、人力资源管理规划

（一）人力资源管理规划的含义

人力资源规划又称人力资源计划，是企业计划的重要组成部分，它在整个人力资源管理活动中占有重要地位，是各项具体人力资源管理活动的起点和依据，直接影响着企业整体人力资源管理的效率。

人力资源规划是指为实现发展战略，完成生产经营目标，企业根据内、外部环境和条件的变化，运用科学的方法对企业人力资源的供给和需求进行预测，并制定出相应的政策和措施，使企业人力资源供给和需求达到平衡，以实现人力资源合理配置的过程。

（二）人力资源管理规划的分类

人力资源规划有狭义与广义之分。狭义的人力资源规划是指企业从战略规划和发展目标出发，根据内、外部环境的变化，预测企业未来发展对人力资源的需求，以及为满足这种需求所进行的人力资源管理的活动过程。简单地说，狭义的人力资源规划是指进行人力资源供需预测并使之平衡的过程，实质上它是企业各类人员需求的补充规划。广义的人力资源规划是企业所有人力资源计划的总称。

（三）人力资源管理规划的作用

企业的生存和发展离不开企业规划。企业规划的目的是使企业的各种资源（人、财、物）彼此协调并实现内部供求平衡。人（或人力资源）作为企业内最革命、最活跃的因素，不言而喻是企业在规划中首要考虑的因素。

在人力资源管理活动中，人力资源规划不仅具有先导性和战略性，而且在实施企业总体发展战略规划和目标的过程中，还能不断调整人力资源管理的政策和措施，指导人力资源管理活动。因此，人力资源规划又被称为人力资源管理活动的纽带。企业工作岗位分析、劳动定员定额等人力资源管理活动的基础工作是人力资源规划的重要前提，而人力资源规划又对企业人员的招聘、选拔、考评、调动、薪酬、福利和保险等工作环节以及人力资源的教育和培训、企业内部人员余缺的调整等各种人力资源管理活动的目标、步骤与方法，作出了具体而详尽的安排。这些都充分显示了人力资源规划在企业人力资源管理活动中的重要地位和作用。

企业人力资源规划的具体作用有以下几个方面。

1．满足企业在发展中对人力资源的需求

在市场竞争激烈的环境中，企业只有不断地开发新产品，引进新技术，才能确保在竞争中立于不败之地。而不同的企业、不同的生产技术条件，对人力资源的数量、质量、结构等方面的要求是不一样的。新产品、新技术的开发和运用造成企业机器设备与人员配置比例的变化，这就需要企业对所有的人力资源进行不断的调整。

一般来说，企业所需的员工可分为两大类，一类是低技能员工，另一类是高技能的技术人员和管理人员。对于低技能的员工，市场上供过于求，企业可以比较容易地通过劳动力市场获得此类人员，而且员工通过短期的培训就可以上岗。但是，对于高技能的技术人员和管理人员，他们在企业生产经营中起着关键性的作用，而且对于此类人员的短缺，企业是无法在短时间内弥补的（即使是通过培训手段），这样就阻碍了企业的发展。人力资源规划可以减少企业发展过程中人事安排的困难，使企业在实施生产经营战略前，对未来人员应有的合理配置有大体的了解，有利于战略目标的实现；而不进行人力资源规划的企业，其用人策略缺乏前瞻性，对随时可能出现的风险缺乏承受能力，从而制约和影响着企业的发展。

2．使人力资源管理有序化

在企业的人力资源管理活动中，像确定各种岗位的人员需求量、人员的配置等工作，不通过人力资源规划是很难达到的。人力资源规划是企业具体的人力资源管理工作的依据，它为企业组织的招聘、录用、晋升、培训、人员调整以及人工成本的控制等人力资源管理活动提供准确的信息和依据，使企业人力资源管理工作更加有序、科学、准确、客观。

3．协调人力资源管理的各项计划

人力资源规划作为企业的战略性决策，是企业制定各种人事决策的依据和基础。企业通过人力资源规划可以将人员配备计划、人员补充计划、人员晋升计划、员工培训开发计划、薪酬激励计划（包括福利计划）、员工职业生涯规划等有机地联系在一起。

4．提高人力资源的利用效率

人力资源规划还可以控制企业的人员结构，从而避免由于企业发展过程中的人力资源浪费而造成的人工成本过高，也可以保证企业利用结构合理的、稳定的员工队伍去实现企业的生产经营目标。

5．使组织目标和个人发展目标相一致

现在，以人为本的管理思想在企业管理中的地位越来越重要。人本管理理论要求企业在管理中，既要注重生产经营效益，又要兼顾员工个人的利益、员工的发展。在人力资源规划的前提下，员工对自己在企业中的努力方向和发展方向是明确的，从而在工作中表现出较强的积极性和创造性。这样有利于组织目标的实现，也有利于企业对组织目标与个人目标的兼顾。

二、人力资源管理规划的内容

这里阐述的人力资源规划内容是指人力资源规划的各项业务计划，是人力资源具体业务的部署与实施。从这一角度看，人力资源规划包括：人员配备计划、人员补充计划、人员晋升计划、人员培训与技能开发计划、薪酬激励计划（包括福利计划）、员工职业生涯规划等。这些业务计划是人力资源规划的展开和具体化，每项业务计划都由目标、任务、政策、步骤及预算等部分构成，并且这些业务计划的结果能够保证人力资源规划目标的实现。

（一）人员配备计划

人员配备计划是企业按照内、外部环境的变化，采取不同的人员管理措施（比如使员工在企业内部合理流动、对岗位进行再设计等），以实现企业内部人员的最佳配置。例如，当企业要求某岗位上的员工同时具备其他岗位的经验或知识时，就可以让岗位上的员工定期地、有计划地流动，以提高其知识技能，使之成为复合型人才。再比如，当人员过剩时，企业可以通过岗位再设计对企业中不同岗位的工作量进行调整，解决工作负荷不均的问题。

（二）人员补充计划

人员补充计划是企业根据组织运行的实际情况，对企业在中长期内可能产生的空缺职位加以弥补的计划，旨在促进人力资源数量、质量和结构的完整与改善。一般来讲，人员补充计划是和人员晋升计划相联系的，因为晋升计划会造成组织内的职位空缺，并且这种职位空缺会逐级向下移动，最后导致企业对较低层次的人员需求加大。所以，在企业进行招聘录用活动时，必须预测未来的一段时间内（比如1～2年）员工的使用情况。只有这样，才能制订出合理的人员补充计划，保证企业在每一发展阶段都有适合的员工担任各种岗位工作。

（三）人员晋升计划

人员晋升计划是企业根据企业目标、人员需要和内部人员分布状况而制定的员工职务提升方案。对企业来说，要尽量使人与事达到最佳匹配，即尽量把有能力的员工配置到能够发挥其最大作用的岗位上去。这对于调动员工的积极性和提高人力

资源利用率是非常重要的。职务的晋升，意味着责任与权限的增大，按照赫兹伯格的双因素理论，责任与权限都属于工作的激励因素，它们的增加对员工的激励作用巨大。因此，人员晋升计划的最直接的作用就是激励员工。

晋升计划的内容一般由晋升条件、晋升比率、晋升时间等指标组成。企业的晋升计划是分类制订的，每一个晋升计划都可以用这些指标清楚地表示。企业在制订员工晋升计划时应该全面地衡量上述指标，慎重考虑，以免使员工感到不公平，进而对员工之间已有的平等竞争环境和企业的经营效率造成不良影响。

（四）人员培训开发计划

人员培训开发计划就是企业通过对员工有计划的培训，引导员工的技能发展与企业的发展目标相适应的策略方案。人力资源是一种再生性资源，企业可以通过有计划、有步骤的分门别类的培训来开发人力资源的潜力，培养出企业发展所需要的合格人才。企业人员培训的任务就是设计对现有员工的培训方案、生理与心理保健方案。人员培训计划的具体内容包括受训人员的数量、培训的目标、培训的方式方法、培训内容、培训费用的预算等。

（五）薪酬激励计划（包括福利计划）

薪酬激励计划一方面是为了保证企业人工成本与企业经营状况之间恰当的比例关系，另一方面是为了充分发挥薪酬的激励功能。企业通过薪酬激励计划，可以在预测企业发展的基础上，对未来的薪酬总额进行预测，并设计、制定、实施未来一段时期的激励措施，如激励方式的选择等，以充分调动员工的工作积极性。

（六）员工职业生涯规划

员工职业生涯规划既是员工个人的发展规划，又是企业人力资源规划的有机组成部分。企业通过员工职业生涯规划，能够把员工个人的职业发展与组织需要结合起来，从而有效地留住人才，稳定企业的员工队伍。特别是对那些具有相当发展潜力的员工，企业可以通过个人职业生涯规划的制定，激发他们的主观能动性，使其在企业中发挥出更大的作用。

第二节　人力资源管理规划的制定

一、人力资源管理规划的制定原则

在制定人力资源规划时，为了保证规划的正确性、科学性和有效性，应该遵循以下原则：

（一）确保人力资源需求的原则

人力资源的供给保障问题是人力资源规划中应解决的核心问题，因此，企业人力资源规划要通过一系列科学的预测和分析（包括对人员的流入分析、流出预测、人力资源供给状况分析、人员流动的损益分析等），满足企业对人力资源的需要。只有满足这一条件，企业才可以进行更深层次的人力资源管理与开发。

（二）与内、外部环境相适应的原则

企业在发展过程中，总会受到某些不确定因素的干扰（比如企业所处环境的不可预测的变化等）给企业的发展带来风险。因此，企业的人力资源规划要考虑到这一点。规划毕竟是面向未来的，必须要有前瞻性。企业要对可能出现的环境变化作出预测、分析，并有所准备。这也是对人力资源规划的基本要求之一。

（三）与战略目标相适应的原则

在制定人力资源规划时，必须与企业战略目标相适应。因为人力资源规划是企业整个发展规划中的重要组成部分，其首要前提就是服从企业整体发展战略的需要，只有这样，才能保证企业目标与企业资源的协调发展。

（四）保持适度流动性的原则

员工队伍的合理流动对企业保持稳定、健康发展有着不言而喻的作用。员工流动性过高或过低，都会对企业的发展造成如下不利影响：流动性过低，不利于发挥员工的积极性和创造性；流动性过高，造成人力资本的损耗，造成企业生产经营成本增加。保持适度的人员流动，可以使企业的人力资源得到有效的应用。

二、人力资源管理规划的制定程序

（一）人力资源规划的制定程序

人力资源规划作为人力资源管理的一项基础性活动，其核心部分包括：人力资源需求预测、人力资源供给预测及供需综合平衡三项工作。人力资源规划的步骤是：

第一，调查、收集和整理涉及企业战略决策和经营环境的各种信息。影响企业战略决策的信息有：产品结构、消费者结构、产品市场占有率、生产和销售状况、技术装备先进程度等企业自身的因素；企业外部的经营环境，社会、政治、经济、法律环境等，这些外部因素是企业制定规划的"硬约束"，企业任何人力资源规划的政策和措施均不得与之相抵触。比如《劳动法》规定：禁止用人单位招用未满16周岁的未成年人。企业拟定未来人员招聘规划时，应遵守这一规则，否则将被追究责任，规划也无效。

第二，根据企业或部门实际情况确定人力资源规划期限，了解企业现有人力资源状况，为预测工作准备精确而翔实的资料。如根据企业目标，确定补充现有岗位空缺所需人员的数量、资格、条件以及时间等。

第三，在分析人力资源需求和供给的影响因素的基础上，采用定性和定量相结合，以定量为主的各种科学预测方法对企业未来人力资源供求进行预测。这是一项技术性较强的工作，其准确程度直接决定了规划的效果和成败，也是整个人力资源规划中最困难、最重要的环节工作。

第四，制订人力资源供求协调平衡的总计划和各项业务计划，并分别提出各种具体的调整供大于求或供不应求的政策措施。人力资源供求达到协调平衡是人力资源规划活动的落脚点和归宿，人力资源供需预测则是为这一活动服务的。

第五，人力资源规划并非是一成不变的，它是一个动态的开放系统。对其过程及结果必须进行监督、评估，并重视信息的反馈，不断调整规划，使其更切合实际，更好地促进企业目标的实现。

（二）企业人员计划的制定

企业人员计划即狭义的人力资源规划，是指进行人力资源供需预测，并使人力资源需求达到平衡的过程。实质上它是企业各类人员需求的补充规划。

编制企业人员计划的主要任务就是要确定计划期内的员工数量。一般来说，计划期内的各部门原有员工人数虽然有变化，但是其主要部分仍然留在原岗位上，所以计划的关键就是正确确定计划期内员工的补充需要量。其平衡式如下：

计划期内人员补充需求量=计划期内人员总需求量-报告期期末员工总人数+计划期内自然减员总人数

企业各部门对员工的补充需求量主要包括两部分：一是由于企业各部门实际发展的需要而必须增加的人员；二是原有的员工中，因退休、退职、离休、辞职等原因发生自然减员而需要补充的那一部分人员。

核算计划期内企业各部门人员的需求量，应根据各部门的特点，按照各类人员的工作性质，分别采用不同的方法。比如企业的生产性部门是根据生产任务总量和劳动生产率、计划劳动定额以及有关定员标准来确定人员的需求量；而企业的各职能部门的行政、服务人员的计划，应根据组织机构的设置、职责范围、业务分工、工作总量和工作定额标准来制定。

计划期内的人员需求量核算出来以后，要与原有的人员总数进行比较，其不足部分加上自然减员人数，即为计划期内的人员补充需要量。

第三节　人力资源管理规划的方法

人力资源规划的制定是以企业所处的环境为基础的。同样，当企业所处的环境变化时，就要求人力资源规划反映出这种环境的变化，以适应企业发展的要求。所以环境分析对于人力资源规划来说是非常重要的。

一、环境分析

（一）影响人力资源规划的外部环境因素

1. 经济环境

经济环境方面的各种变化，在宏观上改变着企业员工队伍的数量和质量以及结构。经济环境的影响主要体现在以下几个方面。

（1）经济形势

宏观经济形势对企业的影响巨大：当经济处于萧条期时，人力资源的获得成本和人工成本较低，但是企业受经济形势的影响，对人力资源的需求减少；当经济处于繁荣期时，劳动力成本较高，但是企业处于扩张时期，对人力资源的需求量会增加。企业在进行人力资源规划时，必须考虑所处经济社会的宏观经济形势，在整体趋势上保证人力资源规划战略的正确性。

（2）劳动力市场的供求关系

在劳动力市场中各种人才供求关系对于企业获得各种人才的成本、难易程度都有较大的影响。

2. 人口环境

归根到底，人力资源规划的对象还是人，所以，人口环境尤其是企业所在地区的人口环境对企业获取人力资源有着重要的影响。人口环境因素主要包括：社会或本地区的人口规模、劳动力队伍的质量和素质结构等特征。

在制定人力资源规划时，还要考虑劳动力年龄因素对人力资源规划的影响。因为不同年龄段的员工有着不同的追求，在收入、生理需要、价值观念、生活方式、社会活动等方面存在着一定的差异性。比如，年轻求职者的出发点是学习，他们希望在一家能有更多培训机会的公司工作；中年人在找工作时，重在考虑要找的工作是否有发挥自己知识技能的空间，而不会在乎所在企业的性质，甚至他们可以从大公司跳到小公司工作；年龄稍大的人在找工作时，更注重企业性质、企业形象、企业理念，注重自己合作的伙伴、自己工作的环境等因素，所以，有时即使有的企业出高价这些人也不动心，因为对他们来说，外界对他们事业的认同更重要。企业人力资源规划可以通过对年龄因素的分析确定获得人力资源的适当方式和方法。

3．科技环境

科学技术对企业人力资源规划的影响是全方位的。例如，计算机网络技术的飞速发展，使得网络招聘等成为现实。同时，新技术的引进与新机器设备的应用，使得企业对低技能的员工的需要量减少，对高技能的员工的需求量增加。这将使企业对人力资源的需要和供给处于结构性的变化状态（或处于动态的不平衡状态），企业在人力资源规划上要高度重视这一点。

4．政治与法律因素

影响人力资源活动的政治环境因素包括：政治体制、经济管理体制、政企关系等。对一般的中小企业来说，这些因素对人力资源规划，甚至对人力资源管理工作的影响很小，因为在短期内政治体制、管理体制等是很稳定的，可以认为是不变的；但是对于大企业尤其是跨国公司，在制定人力资源规划时，就必须考虑到这一点，对它们来说，考虑政治体制因素是企业所有规划工作的基础。

影响人力资源活动的法律因素有：政府有关的劳动就业制度、工时制度、最低工资标准、职业卫生、劳动保护、安全生产等规定，以及户籍制度、住房制度、社会保障制度等，因为这些制度、政策、规定会影响人力资源管理工作的全过程，当然也会影响企业的人力资源规划。

5．社会文化因素

社会文化反映着社会民众的基本信念、价值观，对人力资源管理也有着一定的影响，不过，这种影响并不是直接的，而是间接的。比如，不同的文化对待劳动关系的观点就有所不同。我国东部沿海地区，受西方文化的影响较大一些，人们在选择工作、与企业确定劳动关系时，可能很痛快地与企业签订契约关系；而我国西部广大地区，人们可能比较喜欢传统的、较为稳定的终身雇用制度。企业在制定人力资源规划时，要考虑当地的社会与文化环境因素。尤其是跨国公司，在国际化与本土化相结合的经营战略下，人力资源规划以及人力资源管理其他的各个环节更要充分地考虑各个国家和不同地区之间的社会与文化的差异性。

（二）影响人力资源规划的内部环境因素

1．企业的行业特征

企业所处的行业特征在很大程度上决定着企业管理的模式，也会影响人力资源管理工作。企业的行业属性不同，企业的产品组合结构、生产的自动化程度、产品的销售方式等内容也不同，则企业对所需要的人力资源数量和质量的要求也不同。比如，对于传统的生产性企业而言，生产技术和手段都比较规范和程序化，人员招聘来源大都以掌握熟练技术的工人为主；而对于现代的高科技企业来说，则需要技术创新型的高技术开发人员。

2．企业的发展战略

企业在确定发展战略目标时，就要制定相应的措施来保证企业发展目标的实现。

比如，企业生产规模扩大、产品结构调整或升级、采用新生产工艺等，会造成企业人力资源结构的调整。因此在制定企业人力资源规划时要着重考虑企业的发展战略，以保证人力资源符合企业战略目标的要求。

3．企业文化

企业文化对企业的发展有着重要的影响，这已经成为不争的事实。好的、适合的企业文化，使得企业的凝聚力加强，员工的进取精神加强，企业员工队伍就会比较稳定，企业面临的人力资源方面的不确定性因素就会少一些，有利于人力资源规划的制定。

4．企业自身的人力资源及人力资源管理系统

企业拥有的人力资源的数量、质量和结构等特征，人力资源战略、培训制度、薪酬激励制度、员工职业生涯规划等都对人力资源规划有着重要的影响。

（三）人力资源规划的环境分析方法

环境分析方法不仅在企业的人力资源规划中使用，企业的其他许多决策过程也经常用到。常见的分析方法有以下几种。

1．SWOT分析法

SWOT分析法着重分析企业的优势（strength）、劣势（weakness）、机会（opportunity）和威胁（threats）。因此，SWOT分析实际上是将对企业内、外部条件各方面内容进行综合概括，进而分析企业组织的优劣势、面临的机会和威胁的一种方法。其中，优劣势分析主要着眼于企业自身的实力及其与竞争对手的比较，而机会和威胁分析应将注意力放在外部环境的变化及对企业的可能影响上。但是，外部环境的同一变化给具有不同资源和能力的企业带来的机会与威胁却可能完全不同，因此，必须将两者紧密联系起来。

2．竞争五要素分析法

竞争五要素分析法是美国人迈克尔·波特在《竞争战略：分析行业和竞争对手的方法》一书中提出的一种分析模型。在这个模型中，企业要分析的五个要素是：对新加入竞争者的分析、对竞争策略的分析、对自己产品替代品的分析、对顾客群的分析、对供应商的分析。波特认为，只要企业对以上五个方面作出了科学、客观、准确的分析，企业所作出的策略与规划将会使企业在竞争中处于不败之地。

二、人力资源需求分析

（一）需要考虑的因素

对人力资源需求的预测要受许多因素的影响，包括技术变化、消费者偏好变化和购买行为、经济形势、企业的市场占有率、政府的产业政策等。

人力资源需求预测的解释变量一般包括以下几个方面：第一，企业的业务量或

产量，由此推算出人力资源需要量；第二，预期的流动率，指由于辞职或解聘等原因引起的职位空缺规模；第三，提高产品或劳动力的质量或进入新行业的决策对人力需求的影响；第四，生产技术水平或管理方式的变化对人力需求的影响；第五，企业所能拥有的财务资源对人力需求的约束。

（二）需求预测的步骤

人力资源需求预测分为现实人力资源预测、未来人力资源需求预测、未来人力资源流失预测分析三部分。人力资源需求预测的步骤可分为：一是根据工作岗位分析的结果确定职务编制和人员配置；二是进行人力资源盘点，统计出人员的缺编、超编以及是否符合职务资格要求；三是将上述统计结果与部门管理者进行讨论，修正并得出的统计结果，即现实的人力资源需求量；四是对预测期内退休的人员、未来可能离职的人员（可以根据历史数据得到）进行统计，得出的统计结果，即为未来的人员流失状况；五是根据企业发展战略规划以及工作量的增长情况，确定各部门还需要增加的工作岗位与人员数量得出的统计结果，即为未来的人力资源需求量；六是将现实人力资源需求量、未来的人员流失状况和未来的人力资源需求量进行汇总计算，得出企业整体的人力资源需求预测。

在现实的操作中，企业应对短期、中期、长期的人力资源需求进行分别的预测与分析。

（三）需求预测的方法

1. 集体预测方法

集体预测方法也称德尔菲预测技术。德尔菲法是在兰德公司的"思想库"中发展起来的，是一种总结不同的专家对影响组织发展某一问题的一致意见的程序化方法。这里的专家可以是基层的管理人员，也可以是高层经理；他们可以来自组织内部，也可以来自组织外部。总之，这里的专家指的不是学者意义上的，而是对所研究的问题有深入了解的、有发言权的人员。这种方法的目标是通过综合专家们各自的意见来预测某一领域的发展状况，适合于对人力需求的长期趋势预测。

德尔菲预测技术的操作方法有以下几个。

第一，在企业中广泛地选择各个方面的专家，每位专家都拥有关于人力资源预测的知识或专长。这些专家可以是管理人员，也可以是普通员工。

第二，主持预测的人力资源部门要向专家们说明预测对组织的重要性，以取得他们对这种预测方法的理解和支持，同时通过对企业战略定位的审视，确定关键的预测方向、解释变量和难题，并列举出预测小组必须回答的一系列有关人力资源预测的具体问题。

第三，使用匿名填写问卷等方法来设计一个可使各位专家在预测过程中畅所欲言地表达自己观点的预测系统。使用匿名问卷的方法可以避免专家们面对面集体讨论的缺点，因为在专家组的成员之间可能存在着身份或地位的差别，较低层次的人容易受到较高层次的专家的影响而丧失见解的独立性。同时也存在一些专家不愿意与他人冲突而放弃或隐藏自己正确观点的情况。

第四，人力资源部门需要在第一轮预测后，将专家们各自提出的意见进行归纳，并将这一综合结果反馈给他们。

第五，再重复上述过程，让专家们有机会修改自己的预测并说明原因，直到专家们的意见趋于一致。

在预测过程中，人力资源部门应该为专家们提供充分的信息，包括已经收集的历史资料和有关的统计分析结果，目的是使专家们能够作出比较准确的预测。另外，所提出的问题应该尽可能简单，以保证所有专家能够从相同的角度理解员工分类和其他相关的概念。在必要时，人力资源部门应该不关注人力需求的总体绝对数量，而应关注人员变动的百分比或某些专业人员的预计变动数量。对于专家的预测结果也不能要求太精确，但是要求专家们说明对所作预测的肯定程度。

2．回归分析方法

回归分析方法指的是根据数学中的回归原理对人力资源需求进行预测。最简单的回归是趋势分析，即只根据整个企业或企业中的各个部门在过去员工数量的变动趋势来对未来的人力资源需求作出预测。这实际上是只以时间因素作为解释变量，比较简单，它没有考虑其他重要因素的影响。

比较复杂的回归方法是计量模型分析法。首先，它的基本思想是确定与组织中劳动力的数量和构成关系最大的一种因素，一般是产量或服务的业务量；其次，研究在过去组织中的员工人数随着这种因素变化而变化的规律，得到业务规模的变化趋势和劳动生产率的变化趋势；再次，根据这种趋势对未来的人力需求进行预测；最后，预测的需求数量减去供给的预测数量的差额就是组织对人力资源净需求的预测量。如果这一差额是正值，就说明组织面临人力的短缺；如果这一差额是负值，就说明组织面临人力资源的过剩。

现在，企业在进行人力资源需求预测时常用的回归方法包括一元回归法和多元回归法。一元回归分析方法的过程是：首先选择一个有效地预测人力资源需求的因素，如用销售量或产品增加值作为预测指标；然后探测这个因素与各种相关人员需求量之间的关系（可以通过历史数据得到），比如可以用这一因素与员工人数对比得出某种劳动生产率；根据过去几年（比如5年）的生产率，计算出人力资源需求之间的关系，据此推算出组织下一年度人力资源需求量。

一元回归分析只是用一个变量因素如销售额来预测员工需求，而多因素预测是同时利用多个变量因素。企业人力资源需求受多种因素的影响，如企业的销售额、市场的占有率等，用多元回归预测员工的需求，结果比简单回归需求更精确。

现在，许多计算机软件可以替代人工的方法来进行上述的计算与预测工作，比如SPSS软件、SAS软件等。

第四节　人力资源管理规划的实施与评价

人力资源供求达到平衡（包括数量和质量）是人力资源规划的目的。企业人力资源供求关系有三种情况：一是人力资源供求平衡；二是人力资源供大于求，结果是导致组织内部人浮于事，内耗严重，生产或工作效率低下；三是人力资源供小于求，企业设备闲置，固定资产利用率低。人力资源规划就是要根据企业人力资源供求预测结果，制定相应的政策措施，使企业未来人力资源供求实现平衡。

一、人力资源的平衡方法

企业人力资源供求完全平衡这种情况极少见，甚至不可能，即使供求总量上达到平衡，也会在层次、结构上发生不平衡，高职务者需由低职务者培训晋升，对新上岗人员须进行岗前培训等。企业应依据具体情况制定供求平衡规划。

（一）企业人力资源供不应求

当预测企业的人力资源在未来可能发生短缺时，要根据具体情况选择不同的方案以避免短缺现象的发生。具体方法有：第一，将符合条件而又处于相对富余状态的人员调往空缺职位；第二，如果高技术人员出现短缺，应拟定培训和晋升计划，在企业内部无法满足要求时，应拟定外部招聘计划；第三，如果短缺现象不严重，且本企业的员工又愿意延长工作时间，则可以根据《劳动法》等有关法规制定延长工时、适当增加报酬的计划，但这只是一种短期应急措施；第四，提高企业的资本技术有机构成，提高工人的劳动生产率，形成机器替代人力资源的格局；第五，制订聘用非全日制临时工计划，如返聘已退休者，或聘用小时工等；第六，制订聘用全日制临时工计划。

总之，以上这些措施虽是解决组织人力资源短缺的有效途径，但最为有效的方法是通过科学的激励机制、有计划的培训来提高员工的职业技能，通过改进工艺设计等方式来调动员工积极性，以提高劳动生产率，从而使企业减少对人力资源的需求。

（二）企业人力资源供大于求

企业人力资源过剩是我国企业现在面临的主要问题，也是我国现有企业人力资源规划的难点问题。解决企业人力资源过剩的常用方法有：第一，及时辞退某些劳动态度差、技术水平低、劳动纪律观念差的员工；第二，合并或撤销某些臃肿的机构；第三，对一些接近退休年龄的员工，给予一些优惠的生活待遇，实行企业内部退养办法，待他们到达退休年龄时再办理退休手续，享受养老保险待遇；第四，提高员工整体素质，如制订全员轮训计划，使员工始终有一部分在接受培训，为企业扩大再生产准备人力资本；第五，加强培训工作，使企业员工掌握多种技能，增强他们的竞争力，并鼓励部分员工自谋职业，同时可拨出部分资金，开办第三产业；第六，减少员工的工作时间，随之降低工资水平，这是西方企业在经济萧条时经常采用的一种解决企业临时性人力资源过剩的有效方式；第七，采用由多个员工分担以前只需一个或少数几个人就可完成的工作和任务，企业按工作任务完成量来计发工资的办法。这与上一种方法在实质上是一样的，都是减少员工工作时间，降低工资水平。

在制定平衡人力资源供求的政策措施过程中，不可能是单一的供大于求、供小于求，往往可能出现的是，某些部门人力资源供过于求，而另几个部门可能供不应求；也许是高层次人员供不应求，而低层次人员供给却远远超过需求量。所以，应具体情况具体分析，制定出相应的人力资源部门或业务规划，使各部门人力资源在数量、质量、结构、层次等方面达到协调平衡。

二、人力资源规划的编写

一般来说，企业在编写人力资源规划时，需要经过以下几个步骤。

（一）编写人员配置计划

企业的人员配置计划要根据企业的发展战略，结合企业的工作岗位分析所制作的工作岗位说明书和企业人力资源盘点的情况来编制。人员配置计划的主要内容应包括企业每个岗位的人员数量、人员的职务变动情况、职务空缺数量以及相应的填补办法等。

（二）编制人员需求计划

预测人员需求是整个人力资源规划中最困难、最重要的部分，因为它要求编制人员以理性的、高度参与的方式、方法来预测并设计方案，以解决未来经营、管理以及技术上的不确定性问题。人员需求预测计划的形成必须参考人员配置计划。人员需求计划中应阐明企业所需的岗位（职位）名称、所需人员数量以及所需人员的素质等内容，最好形成一个含有工作类别、员工数量、招聘成本、技能要求以及为完成组织目标所需的管理人员数量和层次的计划清单。

（三）编制人员供给计划

人员供给计划是人员需求计划的对策性计划。它是在人力资源需求预测和供给预测的基础上，平衡企业人员的需求和供给、选择人员供给方式（如外部招聘、内部晋升等）的完整的人员计划。它主要包括人员招聘计划、人员晋升计划和人员内部调动计划等。

（四）编制人员培训计划

在选择人员供给方式的基础上，为了员工适应工作岗位的需要，制订相应的培训计划，对员工进行培训是相当必要的。培训包括两种类型：一是为了实现提升而进行的培训，比如管理人员的职前培训等；二是为了弥补现有生产技术的不足而进行的培训，如招聘进来的员工接受的岗位技能培训等。从这一角度来说，人员培训计划是作为人员供给计划的附属计划而存在的。培训计划中包括培训政策、培训需要、培训内容、培训形式、培训考核等内容。

（五）编制人力资源费用计划

人力资源活动需要相应的费用。人力资源规划的一个重要任务就是控制人力资源成本，提高投入产出比，为此，必须对人力资源费用进行预算管理。在实际工作中，应列入预算范围的人工费用很多，常见的有招聘费用、调配费用、奖励费用，以及其他非员工直接待遇但与人力资源开发利用有关的费用。

（六）编制人力资源政策调整计划

编制人力资源政策调整计划的目的是确保人力资源管理工作主动地适应企业发展的需要，其任务是明确计划期内人力资源政策的方向、范围、步骤以及方式等。人力资源调整计划应明确计划期内的人力资源政策的调整原因、调整步骤和调整范围等。其中包括招聘政策、绩效考评政策、薪酬福利政策、激励政策、职业生涯规划政策等。

（七）进行风险分析并制定对策

企业在人力资源管理中都可能遇到风险，比如招聘计划实施的不顺利、新策略引起员工的不满等，这些都可能影响企业生产经营活动的正常运行。风险分析与策略的制定就是通过风险识别、估计、监控等一系列的活动来防范风险的发生。

三、人力资源信息系统

在编制出人力资源规划以后，就进入人力资源规划的运用和实施阶段，需要对人力资源规划在实施过程中进行有效的控制，其中重要的一种控制手段就是建立完善的人力资源信息系统。

人力资源信息系统是组织建立并实施的与人力资源有关的信息管理系统，主要包括对这些信息的收集、汇总、分类、分析、归纳、运用等。在过去，企业人力资源信息系统的建立、实施、修正等工作都是由人工完成的，给人事管理者带来了极大不便。随着科学技术的飞速发展，计算机在各种信息系统管理工作中的应用，使得各种组织的人力资源信息管理系统的现状发生了革命性变化。现在，即使是小的单位组织，传统的人工档案管理和索引卡片系统已经逐渐地被完善的计算机系统所代替。

计算机系统在信息的管理方面有着不言而喻的优越性，比如，就人力资源信息系统而言，计算机不仅能够扩大信息的收集范围，可以将大量的原来分散在各部门的人力资源信息归纳整理成一个有效的整体信息，而且还能使信息的收集、储存、归纳、分析和传递等工作变得更为简便、准确、安全；并且计算机将所有记录（包括员工的职务偏好、工作经验、绩效评价等）放在员工的档案中，有利于管理层对员工的情况有更为全面的把握。

（一）人力资源信息系统的建立

企业在建立人力资源信息系统时可以按照以下的步骤与程序进行。

1. 信息系统的规划与设计

具体的工作内容包括：设计和处理人事资料方案；确定最终的数据库内容和编码结构；决定人力资源信息系统技术档案的结构和内容；确定员工工资福利表格的格式和内容；建立各种规章制度等。

2. 信息系统的实施

具体的工作内容包括：考察现行的信息系统的使用情况，找出问题或潜在问题所在；检查计算机的硬件结构配置、所用语言和影响系统运行的软件适合条件；设计系统的输入—输出条件、系统运行的有关必要参数；设计各种人事事务处理程序等。

3. 对信息系统运行的评价与修正

具体的工作内容包括：估算人事管理的改进成本；确定关键部门的人员对信息数据的特殊要求；确定人们对补充特殊信息的要求；对与人力资源信息系统有关的组织问题提出建议等。

（二）人力资源信息系统的内容

企业人力资源信息管理系统可分为招聘、配置、培训、薪酬、维系和健康等六个分系统。招聘系统一般记录组织人员的需求状况，包括组织的人员招聘信息、招聘岗位的职务说明书和职务规范等；配置系统主要记录现有员工队伍的配置状况；培训系统主要记录员工接受培训的各种资料、档案，并根据组织发展需要分析未来员工的培训方向；薪酬系统记录员工的工资、福利、奖金的各种计划等；维系系统记录员工的健康以及工作和操作的安全问题。不同的企业可以根据自身的情况来选择、设计不同的人力资源信息系统。

（三）人力资源信息系统的作用

1．建立人事档案

人事档案既可以用来估计现有员工的知识、技能、经验、职业抱负等，又可以帮助对未来的人力资源需要进行预测。

2．通过人事档案对一些概念加以说明

如企业对晋升人选的确定、对特殊岗位的工作分配、工作调动、培训的条件与名额限制等，这些工作的完成都是以人力资源系统的完善为基础的。

3．可以为管理层的决策提供依据

比如用于日常管理的工作性报告（如岗位空缺情况、新员工招聘情况、辞职情况、退休情况等）就可以作为决策的依据，使管理决策更加科学化和符合实际。

四、人力资源规划的评价与修正

对人力资源规划进行评价的目的是要了解人力资源规划对企业经营的影响，它对人力资源规划作出恰当的反馈，也可以测算人力资源规划给企业带来的效益。在评估人力资源规划时，企业要注意，规划应当反映组织内部目标或外部目标的变化，必须明确由什么部门或人员承担了相应责任；为保证有效地完成计划，规划应有适当的弹性，给予执行人员一定的独立决策权；最后，应当考虑人力资源规划与其他经营计划的相关性。

此外，人力资源部门应当追踪计划的执行情况，并反馈计划的运作结果，及时修正计划。

第三章 人力资源管理国际竞争力研究

第一节 全球化背景下的中国人力资源管理

一、服务机构

西方发达国家鼓励多元经营主体共同发展，实现人才中介产业化。鼓励多元主体参与人才中介经营，既有政府设立的专门办公机构，也有民办实体机构；既有非营利组织，也有规模巨大的营利机构。人才中介已经独立出来并产业化，成为整个国民经济产业链中的重要一环。公办的一般为非营利性机构，为一般人才求职服务；私营企业大都为客户寻找专业人才提供服务，以获取利润为目的，一般建有跨国网络机构、将办公室设在公司云集的城市商务中心区，以便更好地接近客户和专业人才。

西方人力资源服务业充分发挥行业协会在人力资源服务产业发展中的作用。1929年美国成立管理咨询公司协会，1967年法国成立国际私营就业机构联合会，2004年俄罗斯成立国际劳工移民协会（ALM），都是国际一级的人力资源服务业行业组织，尤其体现在管理咨询领域，在确立资格标准、扩大行业品牌效应、规定职业行为准则、通过培训提高咨询人员素质以及扩大咨询业的影响方面发挥重要作用，使整个行业进入规范有序的合理竞争。

二、服务网络

西方发达国家人力资源市场已形成了多层次、多元化的人力资源市场服务网络，越来越重视信息科学科技的应用与开发，迅速提高其服务效率、质量，拓展服务的深度、广度。在强大的资金实力和技术实力的支持下，西方人力资源服务机构在极短的时间内可以把科技发展的新成果应用到为客户服务和经营管理上来。在其网络技术的支持下，它能以极快的速度在世界各地建立起区域经营总部和分公司、办事机构等，更大程度上拥有全世界的人才资源和需求信息。

我国人力资源服务机构基本形成了以政府人力资源社会保障部门所属人力资源服务机构（包括人才服务机构、公共就业服务机构）为主体、以民营人力资源服务机构和中外合资合作人力资源服务机构为两翼的人力资源服务行业发展格局。不仅为从业人员提供知识培训、技能培训，还能为从业人员提供上岗培训，从就业到培训、从就业到创业，提供全方面的服务。面向市场的人力资源服务企业开展包括人才招聘、人才派遣、行政事务代理、职能外包、人才培训、人才测评、管理咨询等在内的多层次、多样化的服务，实现了规模化和产业化发展。

我国人力资源服务网络正在形成政府层面、高校层面和企业层面三大主体就业网络服务体系。人力资源市场服务网络业务飞速发展，人才服务信息化程度不断提高，网络招聘已成为单位选人用人、人才择业就业的重要渠道。这些机构利用品牌优势，与公共就业服务机构形成了既互补又相互竞争的关系。据2012年浙江省大学生就业调查结果显示，网络招聘占到招聘总数的20%以上，相对于美国网络招聘78%的市场占有率来说，还有很大的发展空间。

三、服务内容

国外人力资源服务业务范围主要包括猎头寻访、人才测评、中高级管理和专业技术人员招聘、人力资源软件、人力资源管理咨询、网络招聘、人力资源外包等。欧美国家作为人力资源外包业务诞生和较早开展的地区，人力资源外包已具有成熟的业务模式，外包的业务范围和内容也越来越广，有60%～80%的企业进行人力资源外包。

国外人力资源服务机构内容比较集中，全球人力资源市场的年营业额绝大部分来自临时就业和劳务派遣就业业务收入。相对比，从事传统的招聘、猎头的机构较少，而且营业额较低。另据国际私营就业机构联合会2012年发布的研究报告中关于营业额的统计数据计算结果显示，全球临时就业和劳务派遣就业的营业额占私营就业服务业总营业额的比例达90%以上。

我国人力资源服务内容集中在初级传统业务。现阶段人力资源服务内容主要包括：招聘服务、人事代理、人才派遣、高级人才寻访、人才测评、人力资源管理咨询、人力资源外包、人才培训等。其中，人事代理、人才派遣以及招聘服务中的现场招聘会服务是较为传统的业务项目，在国内已经发展得较为成熟，竞争较为激烈，利润空间相对较小。进入21世纪以来，人力资源管理咨询、高级人才寻访、人力资源外包等一些高端业务逐渐发展起来，成为国内企业业务拓展的方向。人力资源外包和人力资源管理咨询所占比重与国外相比较低，但这两种服务业态的专业性强，盈利空间大，可替代性低，是未来人力资源服务业发展的方向。

四、运行机制

由于各国政治、经济、文化、历史和社会制度不同，发达国家的劳动力市场的结构和运行机制各具特色，但其基本结构和运行机制总体上说是大同小异，可概括一个核心机制，即市场就业机制；以及四个支撑体系，即就业服务支撑体系、劳动关系调整支撑体系、社会保障支撑体系和宏观调控支撑体系。

人力资源市场运行机制是发达国家人力资源服务业运行的一条主线。通过这条主线和四个支撑体系的相互作用与影响，形成了劳动力市场机制的有序运行，在上述这些机制的交互作用中，供求决定工资，工资调节供求，供求双向选择，中介联结供求，培训提高市场主体素质，竞争贯穿市场运行始终，宏观调控调节市场运行，劳动法规约束和规范市场运行，社会保险保障机制运行，从而形成了劳动力市场循环往复的运行机制。

我国人力资源服务运行机制建立并趋于完善。主要依靠国家安排就业的局面已经改变，形成国有集体、个体私营、外商投资、股份合作等多种所有制经济就业渠道，政府对就业实施宏观调控，坚持把扩大就业放在更加突出的位置，提供政策指导和政策扶持。社会主义市场就业主体得到加强，各类企业都已获得自主用工权，可以根据自身生产经营状况，自主调节劳动力的数量和结构；劳动者可以在法律规定范围内获得就业保障、工资谈判、社会对话和社会保障的权利，基本实现"市场调节就业、政府促进就业，劳动者自主择业"就业格局。

五、法律法规

两方主要发达国家已经建立了完善的人力资源服务业法律体系。西方发达国家的人才市场主要由社会供需自发调节，政府机构不直接干预市场的微观运行，主要精力放在强化立法的约束和政策的引导上。注重立法规范、强调宏观管理，充分发挥市场调节作用。政府在确定的各项法律制度实施后，设立专门的反馈监督机构，并根据实践效果实施监控；运用税收政策及其他优惠政策进行调控，作为宏观疏导人才流动、调节市场行情的杠杆。此外，政府在搜集、沟通人才供需信息方面发挥作用。

我国对人力资源服务业更多强调的是直接干预，且从政策取向上看，限制性政策多于鼓励性政策。人力资源市场仍存在劳动力市场和人才市场的划分，不利于促进人力资源合理流动和有效配置。《劳动法》《就业促进法》《劳动合同法》等相关法律规范了人力资源服务业发展的制度环境。但是目前尚未形成全国统一的"人力资源服务产业"的政策法规，现有的人力资源服务业法规并不能规范当前的人力资源服务业的全部内容。

第二节 产业国际竞争力的基本知识与相关理论

一、审批许可制度

大部分国家和地区对于私营就业机构都设立了许可制度，并以法律法规或部门规章的形式对前置许可进行了全面的规定。人力资源市场越成熟，立法就越有条件更加宽松，对私营机构前置许可的条件也越宽松。比如美国、英国、法国的人力资源市场发展成熟、自由度较高，这些国家都相继取消了私营就业的前置许可。相比之下，新兴国家和地区、发展中国家和地区，采取前置许可的较多，而且审批的范围较全面和严格。

在我国开办经营性人力资源机构要行业主管部门许可。相关规定要求：企业开展人力资源服务的业务申请由县级以上政府人事行政部门审批。企业如果要开展跨区域业务，需要办理多次许可手续。此外，我国《中外合资人才中介机构管理暂行规定》指出，对申请设立中外合资的人才中介机构，要求中方合资者的出资比例不得低于51%（上海在某些区已经放开了这方面的限制）。我国对于劳务派遣企业的审批和管理较为严格，如劳务派遣公司最低注册资金需要200万元。

二、信息保护制度

国际劳工181号公约规定对于求职者的数据处理应限于与工作有关的资格和职业经历的信息。搜集、储存和交流求职者的个人信息时应该依据国家法律规定对个人信息加以保护，同时，只能要求劳动者提供那些就业资格、专业经验及其他与就业直接相关的信息。公约还规定就业机构应向求职者公布将从事的工作的所有信息，如工作条件和潜在的风险信息。

我国人力资源服务信息保护制度欠缺。《就业服务与就业管理规定》指出："用人单位招用人员时，应当依法如实告知劳动者有关工作内容、工作条件、工作地点、职业危害、安全生产状况、劳动报酬以及劳动者要求了解的其他情况。"但没有明确规定就业机构应告知求职者关于工作的所有条件。同时，也没有明确规定增强公共信息服务和保护功能，健全企业和劳动者信息保护制度。

三、行业自律

国际私营职业机构不断加强诚信自律建设的建设。劳工组织《1997年私营就业服务机构公约》（181号）和《私营就业机构建议书》（188号）确立了私营就业服务业的法律地位和规范其运营条件。国际私营就业机构联合会制定了全体成员一致同意并共同遵守的全球行为准则，其主要内容包括十项行为规则：一是遵守社会伦理和职业操守；二是遵守法律；三是与劳动者合同条款透明；四是不向求职者收取费用；五是重视工作岗位的安全；六是重视人力资源市场的多样性，防止歧视；七是重视员工的权利；八是重视遵守商业秘密；九是重视专业知识和服务质量；十是遵守公平竞争的原则。

西方发达国家人力资源服务机构制定企业内部的道德准则和行为规范，已经成为一种通用做法，并且构成了企业文化的重要组成部分。比如德科规定，发现违反集团行为准则的行为时，员工可以通过访问集团纪律和道德行为网站，以在线报告的方式联系集团纪律办公室，也可以在任何时候拨打集团纪律和道德行为热线，在集团网站上可以找到各地区的电话号码表。电话和网站都由独立的公司运作，每天24小时、每周7天都处于工作状态，他们的工作还包括翻译服务。

我国从社会主义市场经济转轨时期，开展清理整顿市场秩序专项行动，清理整顿非法中介，打击市场中的各种违法违规行为，保护劳动者在就业与流动中的合法权益。健全经常性市场检查制度，建立监管举报系统，加强市场监管队伍建设，做好日常监管工作。逐步完善省、市、县特别是城市的市场监管网络，健全社会监督体系，建立并公开市场举报电话，研究举报与执法检查的衔接机制。对市场中损害当事人合法权益的，加大惩处力度，并进行公告。做好人力资源服务机构年检，开展网络招聘服务机构登记检查工作。

进入21世纪以来，我国开始建立统一人力资源市场监管体制，指导地方在对原有人才市场、劳动力市场监管职能进行归并的基础上，设置实施统一监管的机构，承担本行政区域人力资源市场建设的规划制定与实施、行政许可、市场监管等职能。加强监管体系的信息化水平，完善人力资源服务机构诚信记录公示制度。组织开展人力资源市场招聘会应急预案实施情况检查工作。

第三节　我国人力资源管理国际竞争力综合评价

一、服务专业化程度

西方发达国家人力资源服务机构服务内容更具有针对性，人力资源服务企业侧重客户导向，突出具有细致的专业分工，以此在确保服务质量的同时，尽可能降低客户的使用成本。欧洲各国的人力资源服务业专业分工细致，专业化程度高。不同类型的机构所提供的服务不是求大求全，专注于某一行业或者某一类雇员的招聘服务。

我国目前以招聘为主要的人力资源服务机构普遍没有按照行业进行细分。大部分人力资源服务企业所提供的产品普遍比较低端，大多以操作层面的就业服务和事务服务为主，能够为客户提供公司治理服务、专业咨询服务以及战略层面增值服务产品的机构较少。有的企业的服务运行流程不规范，缺乏统一协调性；有些企业运行战略短视，不注重长期发展前景，没有形成专业化竞争力。

二、服务综合化程度

西方人力资源服务业服务范围向综合性、大型化和跨国经营发展。人力资源服务机构的获胜要素之一是全方位的信息，而信息这种无形投入的一个显著特点是共享性和规模效应，一个在全球各地都有网点的人力资源服务机构将能在全球范围内共享信息资源，大大降低成本、竞争优势突出。另外，出于占领市场的需要，大的咨询公司也应该在全球范围内抢占先机，设置分支机构。因此，伴随经济全球化的迅速发展，西方咨询公司纷纷向综合性、大型化和跨国经营的方向迈进。凭借其资金、人力、技术优势，大型跨国公司在全球范围内推销其服务理念，利用其较为成熟的管理工具开发国际市场特别是发展中国家市场。

目前中国本土人力资源服务机构业务范围比较单一。有的只能提供人事代理、人才派遣的服务，对于培训、薪酬福利等诸多环节的业务无能力开展。单独提供一种服务项目或服务产品，已经不能在激烈的市场竞争中站稳，因此，在确保具有竞争优势的前提下，人力资源服务机构开始着手将具有竞争性、专业化的服务产品、服务项目综合起来，在专业化的基础上，为客户提供"一揽子"服务。行业内企业主要业务集中在人才中介、人才派遣、人事外包、培训等业务上，尚未能提供一站式的解决方案。

三、服务信息化程度

西方发达国家人力资源服务的一个突出特点是信息流转非常迅速。网络招聘的方式在美国等西方发达国家已经很流行，成为大学毕业生和公司职员求职的首选方式。一是注册成为第三方招聘网站的会员，在第三方招聘网站上发布招聘信息，收集求职者资料，用简历数据库或搜索引擎等工具查询并聘用合适人才；二是在企业自己的网站上发布招聘信息，吸引人才。相对于传统的招聘方式，网络招聘具有覆盖面广、方便快捷、成本低、针对性强等方面的优势。美国巨兽公司是全球起步最早、发展规模最大的网络招聘企业，2008年，巨兽公司拥有6950名员工，服务网络覆盖了北美、欧洲和亚洲的50多个国家，营业收入为13.44亿美元。

随着信息化快速发展，我国人力资源服务行业正在经历一场以计算机信息系统为核心的技术改进。在新的服务模式下，计算机信息系统的批量处理逐步代替传统的手工操作，系统的技术改进以及其模块的功能已经成为人力资源服务商重要的竞争能力。在人力资源服务信息化的过程中，我国需要运用云技术不断整合信息资源，将以人力资源产业化架构为蓝本，以数据标准化为基础、以信息共享为平台，实现主要业务的整合贯通，实现管理的整体信息化。人力资源服务的各模块，如招聘、测评、培训、薪酬、人事外包等服务，实现各自的信息化以及各模块之间的信息关联，为企业内部管理和客户服务创造更大的价值。

四、服务标准化程度

国外一些大企业为确保服务质量，开始应用标准化的服务流程。但目前各国针对人力资源服务业并未制定专门的行业标准，而是通过国际标准化管理组织的9000质量管理认证和体系认证的方式应用标准。比如美国的凯利服务公司通过了国际标准化管理组织9000质量体系认证和9000质量体系认证。德国500强企业、全德第二的人力资源服务公司霍夫曼公司通过了9000认证。万宝盛华集团1991年开始在全部分支机构开展9000质量体系认证。服务流程的优化大大提高了潜在用户对企业的信任度，有利于进一步加大市场开拓力度。

我国人力资源服务业行业标准不统一。已经成立全国人力资源服务标准化技术委员会，并制定了全国人力资源服务标准化体系，先后开展了12项标准的制定工作，包括已出台的一项国家标准《高级人才寻访服务规范》。但国家和地方已出台的行业标准和规范只是针对某项人力资源业务领域实施标准，而且各地的标准规范不统一，法规层次不够高，对行业的规范和指导功能不足。而国际上通行的认证并不是针对人力资源服务业行业的专业标准。因此应尽快开展人力资源服务的国家标准制定工作，统一人力资源行业标准、统计口径、从业人员资格标准等。

五、服务全球化程度

西方发达国家人力资源服务业国际化具有加速发展的趋势，许多跨国的人力资源服务机构遍布世界各地。如万宝盛华拥有全球人力资源服务行业最大的服务网络，通过全球82个国家或地区将近4400家分支机构，每年满足超过40万家客户的需求。德科集团目前在全球60个国家设有5500个分支机构，有3.3万名工作人员。任世达2011年在43个国家和地区设有4500多个分支机构，雇用员工3万人。每天为超过57.6万名求职者提供工作岗位。韬睿惠悦在34个国家开展经营活动，在全球拥有超过1.4万人的专业团队。从人力资源服务机构全球布局来看，呈现出由欧美向亚太延伸的趋势，向全球城市集聚的趋势。

我国人力资源服务业国际化程度不高，智力资源在企业发展中尚未形成核心资源，进而演变成为企业的核心竞争力；人才在专业化的发展中尚未起到关键性作用，在猎头、咨询、外包、测评等各个细分领域都缺少大量的专业性人才；专业化发展模式尚未赢得客户、获得竞争优势方面取得较大的进展，使得整个人力资源服务业的产品跟不上国际上需求，人力资源服务产业升级、服务质量、经营规模、服务理念都需要有较大的突破。

六、服务产业化程度

西方发达国家人力资源服务机构呈现出向全球城市集聚的趋势，全球城市成为人力资源服务业国际化的重要布点。一方面，主要的人力资源服务机构的公司总部多设置对资源配置具有重要影响力的全球城市。另一方面，全球城市之于人力资源服务机构的吸引力也在显著增强，在伦敦、巴黎等位居全球化和世界城市指数较高的城市，人力资源服务企业海外分支机构的数量在成倍地增长。更多地提供"专、精、深"的服务产品，以此在确保服务质量的同时，尽可能地降低客户的使用成本。例如，英国的人才中介多数是行业中介，专注于某个行业或者某一类雇员的招聘服务，其优势在于目标明确、服务专业、经验丰富、效率高。可以形成比较稳定的产业聚集。

相比较，我国人力资源服务产品同质化。目前以招聘为主要形态的人力资源服务机构普遍没有按照行业进行细分，产品低端化、同质化的情况严重，从而导致利润空间低、盈利能力差，制约了自身的发展。目前人力资源服务业服务结构比较单一。以辽宁省人力资源服务业为例，主要提供人才培训、人才招聘、人才测评、人事代理、人力资源管理咨询等几个方面的服务。但是在国外发展比较好的、属于更高层级的人力资源服务业的人力资源的需求与供给问题的分析服务、不同类型人力资源的职业生涯规划路径分析与培训、人力资源的具有差异性的评价机制等问题，在辽宁省人力资源服务业中所见很少，甚至没有。

第四章 全面认识人力资源管理

第一节 人力资源管理的本质

企业要做好人力资源管理工作，有很多方法如选择、教育、使用、留用等各个环节都需要结合企业的实际情况进行有针对性的设计和实施。如何保证人力资源管理的有效性，不同的企业可能有不同的解决方案，但一切都会改变，企业要发挥人力资源的价值，首先，它必须了解人力资源管理的本质。

一、人性的本质

有人打过形象隐喻，"企业"就是从"人"中产生的，就会有企业；相反，"企业"就是"人"中的"停"，离开了人就不会有企业。正因为如此，无论企业的行业、企业的背景、企业的规模有多大，企业的正常运营离不开人的管理。

对于企业的员工来说，他们会扮演不同的角色，同时有不同的需求。

首先，他是一个自然人，他需要满足吃、喝等基本需要。其次，他也是一个社会性的人，因为人总是生活在一定的社会关系中。马克思曾经说过：人的本质不是一个人固有的抽象对象。在现实中，它是所有社会关系的总和。在这种情况下，所有的人类行为都不可避免地涉及与周围人的各种关系，如生产关系、情爱关系、亲属关系、同事关系、朋友关系等。当今社会的人必然是生活在一定社会关系中的人，这种复杂的社会关系构成了人的社会属性。人的社会属性要求人必须遵守基本的社会伦理和法律法规，承担相应的社会责任。最后，员工作为一种特殊的社会属性，也是企业人，需要满足企业的价值观念，遵守企业的规章制度，完成企业赋予的使命和责任，完成企业订立的工作目标。

人类的自然属性也称为生物属性。人具有生物属性，为了得以生存和种族繁衍，为了获得更高的生活质量，他们具有人与生俱来的生物本性，应对生活的需要和生理的需要。人存在可以有不同的形式，生与死，甜与苦，高与低，富与贫，美与丑面前，每个人都会本能地追求前者、避免后者，这是人的本性。也就是说，人的本性就是趋利避害，追求幸福，避免痛苦。此外，人类的自然属性是先天禀赋，这是人类几千年来的潜意识。它是人类最基本的生理和心理需要，是人类每一个个体的共同特征。

人除了具有基本的生物学属性外，还具有社会属性。人的社会属性与人的自然属性的关系就是限制与被限制的关系，即人的社会属性制约着人的自然属性的实现。每个人都生活在群体中，在社会中生存，所以在自然地追求个人欲望，他们的行为和行为的结果从社会的角度来看朝着两个方向：当人们在追求欲望的方法和结果有利于社会公共利益、至少不损害公共利益时，追求是一种动力，促进人类社会的发展和进步；当人们的追求欲望方式和结果损害了社会公共利益、与社会公共利益发生冲突时，这种追求就是社会发展和文明进步的障碍。

此外，对于一个企业的员工来说，除了他的自然属性和社会属性之外，他还有一个企业属性，因为他也是一个企业人。不同的企业对员工有不同的要求，如主动性、整体性、奉献精神、责任心、激情、责任心、主动性、纪律性、团队精神、个体服从集体等。

不同属性的要求是不同的，为了满足各种欲望的自然属性，人必须通过社会企业和属性去改变，例如，一个人摆脱饥饿的自然属性使他必须通过努力在社会和企业中获得更高的收入和社会地位。因此，在对员工的管理中，企业不应简单地将员工的企业属性单独关注，而应综合考虑不同员工的不同属性。然而，纵观当今许多企业的人力资源管理，更多的是关注员工的企业属性，而忽略了员工的社会属性和自然属性，最终导致了更少的努力和更少的成功。

人们从宗教、哲学、伦理学、教育学、管理学等不同维度进行了大量的关于人性本质的研究。对于一个现代企业来说，在企业内部合理地理解和应用这些研究成果确实是一件非常复杂的事情。

二、人本管理

齐国著名政治家管仲说："夫君之始，以民为先。"这可能是最早的"以人为本"的思想体系。然而，在现代，自从诺基亚提出"以人为本的技术"以来，许多企业开始认识并逐渐重视人才对企业的重要性。

首先，人才是企业最重要的资源。企业、财务、材料、信息、设备、厂房、设备等都是资源，但与这些资源相比，人力资源会有自己的独特性：首先，人力资源是一种可再生资源，可以说是取之不尽的；人力资源难以通过短期培养获得，这意味着人力资源的可替代性非常弱。难怪比尔·盖茨说："如果你把我们最优秀的20个人挖走，可以说，微软将成为一个无足轻重的公司。"其次，企业的财富和利润是通过员工的努力创造的。每个人都同意这样一个事实，企业价值的生成必须依靠全体员工的努力获得，这就要求企业关注员工的回报。

那么，在人力资源管理系统设计的过程中，企业如何才能更好地把握人性化管理的理念呢？

第一，以人为本要求企业必须尊重员工，了解员工，充分发挥员工的价值。

第二，以人为本要求企业把员工当作人来对待，让员工充分发挥自己的潜能。

第三，以人为本要求企业以财富、物质、精神、文化和环境效益回报员工。

海底捞总裁张勇说，海底捞的成功在于：把人当"人"看。多么简单的一句话，却道出了海底捞成功的秘诀。海底捞成立于1994年，至今已有20多年。海底捞选择的行业是火锅，它不是一个资源垄断行业，也不是一个高科技产业，海底捞的商业模式并不是独一无二的，海底捞的创始人张勇不是名牌大学的高材生，他也不是一个"海归"。

这样一个人带着员工，凭借着简单的经营理念，将火锅店开到了全国各地、甚至海外，已经成为整个中国商业研究和学习的典范，我认为这是值得我们思考的。

此外，诺基亚提出了"技术以人为本"的经营理念。诺基亚认为，企业的发展必须依靠人，也要培养人，造就人。人与企业是密切相关的。人是企业的基础，是企业发展最重要的资源。

说了这么多，我们发现每一个成功企业会给员工投入很多钱，因为它们都有一个共识，人力资源已经成为企业成功的关键，只有将员工当"人"看，企业才可以爆发出巨大的潜力。

让每个人都做自己擅长的事情，人力资源管理的最高境界是把合适的人在合适的时间放在合适的位置，使其能够充分发挥其潜能。

亚当·斯密在他的《国富论》中指出，劳动生产率的最大提高，以及指导和应用劳动的技能和判断力的最大提高，在很大程度上是劳动分工的结果。

柏拉图将理想国家的公民分为三个层次：统治者、战士和工人，这是他关于组织和分工的理想思想。

由此可见，劳动分工不仅是社会发展的必然趋势，也是实现社会、国家和企业潜能最大化的有效途径。如何确保"每个人都做自己擅长的事"，从而适合岗位和合理分工，已经成为现代企业人力资源管理研究的一个重要课题。

第二节　企业发展与人力资源管理

人们经常讨论"企业管理"和"人力资源管理"这两个概念。它们是企业健康发展的两大支柱，侧重点不同。管理的目的是实现效率的最大化，管理的重点是以人为本。

因此，企业在制定发展战略时，通常不仅要考虑经营的稳健性，还要考虑管理的规范性。企业的发展战略通常包括五个层次。

第一，能够清晰地定义企业的发展方向和最终期望达到的目标。

第二，中长期战略目标明确告诉人们企业未来希望实现的财务目标。

第三，企业战略是对战略目标的细化，通常包括产业战略、产品战略、市场战略、客户战略等。

第四，职能战略是企业发展战略的分解和实施，通常包括营销、制造、技术研发、财务投资和人力资源五个部分。

第五，年度经营计划是某一财政年度企业发展战略的子目标和实施措施。

在五大功能战略中，营销、制造、技术研发和金融投资只涉及企业运营的一部分，只有人力资源战略贯穿企业运营的每一个环节。由此可见，人力资源战略对于企业发展战略的实现至关重要。

人力资源战略是科学的分析和预测组织在未来环境变化中人力资源的供给和需求情况，制定必要的人力资源获取、利用、保持和开发策略，确保组织在需要的时间和位置的人力资源数量和质量要求，组织和个人获得不断地发展与利益。它是企业发展战略的重要组成部分。

一、人力资源战略包括的内容

（一）人力资源开发战略

它是通过有效挖掘企业和社会人力资源，提高员工的综合能力。人力资源开发战略包括：人才引进战略、人才招聘战略、人才培养战略、鼓励自学成为人才战略。

（二）人力资源结构优化策略

它是通过调整和优化企业的人力资源结构（数量结构、教育结构、年龄结构、职位结构等），以保证人力资源的可持续发展和企业发展战略的支持。主要包括人力资源层次结构优化策略、人力资源教育结构优化策略、人力资源功能结构优化策略、人力资源年龄结构优化策略等。

（三）人力资源薪酬策略

根据企业和行业的特点以及企业人力资源的现状，选择和设计合理的薪酬结构和薪酬水平，充分调动员工的积极性。人力资源薪酬策略通常包括短期激励和长期激励、基于职位和能力的薪酬、基于绩效的员工激励等。

（四）人力资源利用策略

为员工提供使用和晋升的发展渠道，鼓励员工长期为企业服务。人力资源利用策略包括岗位轮换策略、岗位晋升策略和临时岗位策略。

人力资源战略是企业人力资源管理系统设计的基础和出发点。只有在明确人力资源战略的基础上，才能使人力资源管理系统设计合理、科学。

企业人力资源规划主要包括人力资源盘点、人力资源配置规划、人力资源质量改进规划、人力资源开发规划、人力资源政策规划等。

1．组织系统

组织体系包括公司治理结构设计、集中和分散，母子公司控制，主要结构设计，二级结构设计、管理和管理水平设计任务，部门、位置和功能描述等，企业可以建立满足战略需要通过组织系统设计过程，使组织结构的快速实现。

2．定位系统

定位系统包括公司的分工和地位、建立部门内的岗位、员工的决心、工作分析、职位描述系统、工作饱和度分析等工作系统，需要关注分解到每个部门的功能位置，最后意识到每个人都有事情要做。

3．资格制度

素质体系包括企业素质模型的建立、素质项目的定义与分类、岗位资格体系的建立、员工素质的考核。资格制度是各种显性和隐性特征的集合，这些特征促使员工产生优秀的工作绩效。它反映了员工在不同方面表现出的知识、技能、经验和职业素质。资格评定是对员工目前的实际能力和工作态度进行评价，找出员工目前的实际能力、工作态度和优秀表现之间的差距。

4．目标绩效管理体系

人力资源的核心功能在很大程度上是通过目标绩效管理系统实现的。在绩效管理体系中，不仅包括公司战略目标的分解，还包括战略目标实现的过程编制和结果管理，以保证公司战略目标的顺利实现。

在基于战略的人力资源管理体系中，企业需要建立一个三级或四级绩效管理体系，将集团绩效或公司绩效、部门绩效和员工绩效考虑在内。基于战略绩效管理系统的目标包括公司战略地图的构建、平衡计分卡、每一层（公司层面、部门层面）建立绩效指标、绩效目标分解的过程绩效计划、绩效辅导、绩效评估和绩效沟通、绩效评估、应用程序的多个连接。

5．工资福利制度

对于员工来说，薪酬福利制度是非常重要的。薪酬和福利水平决定着员工的生活质量。设计是否合理直接影响到员工的积极性和创造力。工资福利制度在人力资源管理主要包括薪酬内部公平、外部公平补偿、补偿和能力、薪酬与绩效、确定薪酬水平、新员工和老员工的平衡、平衡各级学历/资格的员工、工资结构设计、员工动机、不同职位的员工的工资激励、薪酬总额预算和控制、管理向薪酬水平的变更、薪酬水平的调整、员工福利制度的设计。

6．招聘选拔制度

为了保证合适的人在合适的时间处于合适的位置，最大限度地发挥他们的潜力、为公司创造价值，企业需要建立健全的招聘选拔制度。招聘选拔系统主要包括：年度招聘计划、内部招聘、外部招聘、招聘试题库建立、招聘人才库建立、基于岗位资格制度的招聘面试评估、基于岗位资格制度的员工试用评估等。

7. 职业生涯规划体系

职业生涯规划包括员工职业定向测试、职业发展矩阵、关键岗位和核心员工管理、人才梯队建设、员工职业生涯规划等工作内容。职业规划系统将提供适当的培训体系和发展机制后根据企业战略发展的需要和员工的个人职业发展的目标，以确保合适的人才为企业的稳定供应，实现双赢企业的快速发展与员工的职业发展。

8. 教育培训制度

教育培训体系的出发点是识别员工的培训需求。同时，培训组织、培训效果评价、培训跟踪、内部培训讲师队伍建设、培训档案管理、培训成果应用等也十分重要。培训的目的是最大限度地缩小员工与岗位条件的差距，使人们能够做到最好。

9. 企业文化体系

企业文化系统是人力资源管理系统的一个新成员。长期以来，许多企业只把企业文化作为企业宣传的一部分，而忽视了企业文化对员工的约束和激励作用。在人力资源管理系统中，企业可以通过文化建设实现员工价值观的统一，从而可以保证员工个人目标与企业目标的一致性。

一般来说，企业文化系统包含三个层次，即精神层次（包括企业核心价值观、企业精神、企业目标、企业的目的，管理政策、工作风格、人才、质量、环保概念，安全等）；行为层次（包括企业系统行为、企业管理行为、道德行为、企业管理行为、员工的行为、客户服务等）；形象层次（包括企业领导形象、企业形象、产品形象、环境形象、企业社会形象等）。

10. 员工满意度管理体系

记得一位企业家曾经说过这样一句话：爱你的员工，员工就会加倍照顾你的客户！许多企业视客户为上帝，因为企业不仅满足了客户的需求，而且获得了产品价值的转移和利润的实现。客户是很重要的，但只要人们仔细审视，不难发现，事实上，企业要实现资本增值，最重要的事情是要确保他们的员工满意度，因为只有让员工满意地生活和工作，员工才会努力工作，生产高质量的产品，以保证客户满意度；只有当顾客满意了，才有可能得到合理的股东回报。

员工满意度可以说是企业管理的晴雨表。企业员工满意度管理体系包括员工满意度模型设计、员工满意度问卷设计、员工满意度调查、员工满意度分析、员工满意度管理规范等。

11. 知识管理系统

知识管理长期以来一直被企业所忽视，因为大多数企业并没有真正认识到知识和管理的重要性。

知识管理是企业对知识资源进行统一规划、定义、挖掘、转化、共享等一系列行动的总和，是企业实施知识管理的基本步骤：确定企业的核心战略，确定重点知识管理，选择和确定知识管理流程，建立企业知识仓库、企业知识地图，建立和完善企业知识管理系统（问责机制、共享机制、激励机制、传导机制等），建立企业知识管理评价机制等。

12．劳动关系管理制度

劳动关系管理是传统人事管理的核心任务之一，包括劳动合同管理和劳动争议解决。建立和谐共赢的劳动关系是企业长期稳定发展的前提和基础。

13．人事事务管理制度

人事管理包括人事档案管理、员工考勤管理、休假管理、员工离职管理等。人事管理是人力资源管理的基础工作。

14．人力资源管理流程

为了提高人力资源管理的效率，人力资源管理系统强调企业必须加强人力资源管理过程的建设和优化。一般来说，人力资源管理流程包括：组织和管理流程、工作分析的流程、人力资源规划流程、培训管理流程（包括在职培训过程、定位过程）、招聘管理流程（包括外部招聘流程、内部招聘流程）、管理目标设定和分解过程、绩效管理过程（包括性能指标字典管理过程、绩效考核流程、部门绩效考核流程、员工绩效考核流程）、干部项目管理流程、劳动合同管理流程、流程管理流程、薪酬管理、员工变更流程（包括年度薪酬预算管理、会计与支付员工薪酬流程）、企业文化建设流程等。

15．人力资源管理系统

没有规则就没有方圆。人力资源管理系统是所有人力资源工作的基础。企业一般的人力资源管理制度包括：招聘管理制度、培训管理制度、薪酬管理制度、绩效管理制度、劳动合同管理制度、考勤休假管理制度、员工岗位变更管理制度、员工职业生涯管理制度、重点岗位和核心员工管理制度。

16．人力资源管理信息化

人力资源管理信息化是人力资源管理的发展趋势之一。企业可以通过信息手段实现基本的人力资源管理功能。目前市场上常见的人力资源管理信息化产品一般包括以下核心模块：人力资源战略、企业文化体系、人力资源规划、组织结构设计、岗位描述、招聘体系、薪酬福利体系、目标绩效管理体系、培训体系、日常管理、时间管理、项目管理、劳动合同管理、保密协议管理、知识管理、人力资源门户等。

17．人力资源管理理念

人力资源管理概念来源于企业文化的核心概念。在设计人力资源管理系统时，企业必须严格遵循相关的人力资源管理理念。一般来说，企业的人力资源概念主要包括：选聘、教育、挽留、激励机制、聘用机制、分配机制、责任机制、员工成长与发展机制、准入机制、职业规划、绩效考核、劳动关系、人才储备、岗位轮换等。

二、人力资源管理工作分工

在了解了企业人力资源管理系统的基本结构之后，我们还需要纠正一个错误的认识，即许多企业管理者认为人力资源管理只是人力资源部门的事情。事实上，企业中管理者也需要履行人力资源管理的职责。

为了充分认识两者之间的分工，本书将每个人力资源管理模块的设计与实现分为两个环节，即建立相应的管理体系与实施。

三、人力资源管理发展趋势

随着人力资源管理在企业中的作用越来越重要，人们对人力资源管理未来的发展趋势提出了许多建议。未来发展主要有四种类型：基于能力的人力资源管理、基于战略的人力资源管理、人力资本管理和人力资源外包。

（一）基于能力的人力资源管理

基于能力的人力资源管理认为人是企业的第一资源，人力资源管理的核心在于不断提高员工的个人能力，以适应更高的技能要求，实现企业的战略目标。因此，人力资源管理的重点是：胜任力体系、招聘与选拔、培训与教育、员工职业生涯规划、基于胜任力的员工激励、基于胜任力的员工职业发展、基于胜任力的企业文化等。

基于胜任力的人力资源体系强调以人为本而不是以工作为导向，这使得胜任力模型成为人力资源管理职能的基础。基于胜任力的人力资源管理体系的理论基础是冰山质量模型。冰山质量模型认为，为了使员工产生良好的工作绩效，其基础包括知识、技能、价值观和职业素质，这些基础是基于能力的人力资源管理系统的重点。

基于胜任力的人力资源管理体系包括以下几个方面。

1．资格制度

基于胜任力的人力资源管理体系认为，提高和发展员工的能力是人力资源工作的核心，不同类型的企业和岗位对员工的能力有不同的要求，这就要求企业的人力资源工作者针对不同的工作群体和岗位建立岗位资格体系。

2．基于胜任力的人力资源规划体系

传统的人力资源规划强调人员编制、供给分析和分配规划，而基于胜任力的人力资源管理体系认为，需要对人力资源的质量进行核算，从而系统地规划人力资源质量的提高和员工的发展。

3．基于能力的员工培训与培训体系

基于胜任力的人力资源管理体系认为，员工个人能力的不断培养和提高是实现组织目标的基础，因此企业人力资源部门必须建立和完善员工培训体系。

人才的选择有以下几个方面。

根据人才盘点，选择德才兼备的骨干人才，从骨干中选拔有潜质的人才，打造一支优秀的人才队伍。

人才库存：一个企业的人力资源部门应当每年进行内部人才库存梳理，评估员工的培训效果和发展人才，消除那些不满足要求后，并任命那些达到更高的职位标

准的人才。

人才选择：在人才选择过程中，必须兼顾绩效和综合素质。需要考虑员工的能力是否达到岗位标准、员工的表现是否优秀。企业可以根据自身特点和人力资源管理水平建立人才选择矩阵。

培训计划：主要包括指导员的指定、培训方案的建立、个性测评的开展、各种形式培训的提供、内部兼职的实施、轮岗、新项目的参与等。

沟通反馈：年度人才发展沟通与培训效果评估由人力资源部组织，员工直属上级每年参加。

提升与发展：对于优秀人才，应根据人才发展路径和员工职业发展方向进行提升。

4．基于胜任力的绩效考核体系

面向传统绩效指标体系的目标和任务，如在KPI策略的基础上，基于KPI的功能，基于在KPI执行的过程中，根据工作计划，对人力资源管理系统的评价。

5．基于胜任力的薪酬福利制度

在传统的薪酬制度设计中，我们非常重视同工同酬，这是坚持薪酬公平原则最直接的体现。但这种做法只会导致更大的不平等和员工不满。原因很简单，即使在相同的岗位上，员工的能力和资格也是不同的，单纯追求所谓的公平，其实是不公平的。而基于胜任力的薪酬和福利制度更注重人的能力差异，根据人的能力来确定薪酬水平，体现了人才多分配的原则。

6．基于胜任力的企业文化体系

主张企业应该建立以能力为基础的企业文化。企业文化的塑造必须以能力为基础，主要包括以下几种能力。

完成任务的能力。绩效导向、绩效管理、影响力、主动性、生产力、灵活性、创新性、质量意识。

人际关系技巧。团队精神、服务意识、人际意识、组织意识、良好的人际关系建立、冲突解决、沟通技巧、跨文化敏感性。

个人素质和能力。诚信、自我发展、决策、应对压力、分析思维、概念思维。

管理技能。包括团队建设，激励他人，授权他人，培养他人。

领导技巧。它包括远见卓识、战略思维、开拓进取、变革过程的管理、对组织忠诚的建立、工作重点、工作目标、原则和价值观的确定。

（二）基于战略的人力资源管理

基于战略的人力资源管理认为企业经营的目的是利润最大化，企业需要不断分解自身的经营目标和管理要求，使每个员工都承担相应的指标。在这一思想的指导下，人力资源管理的重点是：基于战略的人力资源规划、基于战略的企业文化建设、目标绩效管理、绩效薪酬、基于绩效的员工岗位发展等。

战略人力资源管理包括以下几个方面。

1．基于战略的人力资源团队和人力资源管理机制

基于战略人力资源配置的中心任务是基于公司的战略目标来配置必要的人力资源，根据能力标准动态调整人力资源，人力资源的引入可以满足战略的要求，调整和优化现有的人员，建立有效的人才退出机制，通过人力资源配置实现人力资源的合理流动。

基于战略的人力资源开发的核心任务是系统地开发和培养公司现有的人力资源，以满足公司战略在数量和质量上的需求。根据公司战略需要，组织适当的培训，通过制订领导继任计划和员工职业发展计划，保证员工和公司的成长。

基于战略的人力资源评价的核心任务是客观评价员工的素质、能力和绩效。一方面，确保公司战略目标与员工个人绩效的有效结合；另一方面，它为公司激励员工、发展事业提供了可靠的决策依据。

基于战略的人力资源激励的核心任务是根据公司的战略需求和员工的绩效激励员工。制定科学的薪酬福利和长期激励措施，在为公司创造价值的基础上，激励员工充分发挥潜能，实现价值。

2．战略人力资源规划

基于战略的人力资源规划吸收了现代企业战略管理研究与实践的重要成果，遵循其理论框架，密切关注战略内容。一方面，将传统意义上以人员供求为核心的人力资源规划融入其中，更加注重人力资源规划与企业发展战略的一致性；另一方面，在内部和外部环境理性分析的基础上，明确企业人力资源管理面临的挑战和现有人力资源管理体系的不足，清晰地勾勒出未来人力资源管理的愿景、目标和符合企业未来发展的人力资源管理机制，可以使目标转化为行动的可行措施，从而形成一个完整的人力资源战略体系。

3．基于战略的企业文化建设

企业文化类型对企业的组织战略和人力资源战略有着重要的影响。人力资源的行为和实践会随着组织文化的变化而变化。企业文化的一部分是通过人力资源管理实践来管理的，如选择、培训、薪酬和保留。企业文化是保证企业可持续发展不可或缺的力量。企业要想获得持久的成功，必须培育、发展和整合四大核心文化，即客户服务文化、创新驱动文化、卓越经营文化和精神驱动文化。客户服务文化的根本目的是创建客户服务程序，了解客户想什么，预测客户需求，为客户创造价值。创新文化的根本目的是创造企业的未来。竞争优势来自释放创造新产品和新市场的技术能力。卓越经营文化的根本目的是创建一个最小化成本、最大化生产率和效率的经营过程。竞争优势是通过产品和服务的生产和交付过程获得的。这种文化是建立在不断改进制度、程序和产品和服务质量的基础上的。精神驱动文化的根本目的是创造一个激励员工的环境。竞争优势是通过释放员工无限的能量、创造力和热情来实现的。以精神为导向的企业文化通常包含较高层次的企业目标，通过这些目标，

员工可以做得更好。

4．战略人力资源管理基础设施

建立基于战略的有效人力资源管理职能并取得预期效果是组织为人力资源管理提供必要平台的前提，该平台包括人力资源专业人才、人力资源与组织环境、人力资源与基础设施、人力资源与专业建设四个方面，在建立战略人力资源管理体系的基础上，提供相应的组织保障和专业能力。

人力资源专业团队是构建基于战略的人力资源管理体系的重要保障。基于战略人力资源管理对人力资源专业人员有更高的要求，进行合理的定位，明确人力资源部门的责任和权力，对人力资源专业人员的能力和质量有严格的要求。

合理的组织环境是构建基于战略的人力资源管理体系的重要外部条件。需要设计适合公司战略需要的组织结构，明确各岗位的设置，根据公司外部环境进行优化，为公司提供相应的组织环境，以战略为基础构建人力资源体系。

人力资源专业化建设是构建基于战略的人力资源管理体系的专业保障。基于战略的人力资源管理具有明显的专业特征，通过专业建设为人力资源管理职能的有效实施奠定了专业基础。人力资源专业建设包括：组织系统的工作分析，明确工作职责，每个职位的工作条件和资格；根据公司的业务和职位特点制定相应的员工标准；组织的工作评价体系作为重要依据制定的工资序列；发展能力模型根据公司的战略需求和工作类别。

人力资源基础设施是基于战略的人力资源管理系统正常运行的基本保障。基于战略人力资源管理是一个巨大的系统，为确保系统的正常运行，还需要建立相应的管理体系基础，包括通过建立人力资源管理信息系统，为人力资源管理活动提供客观信息，开展日常事务性工作，确保人力资源管理体系的有效运行。

（三）人力资本管理

人力资本是知识、技术、经验、能力、工作努力、协作、健康等因素的总和，通过有意识的投资活动凝聚在员工身上，实现当前和未来的利益。人力资本管理是人力资源管理的核心，传统的人力资源管理理论发展很快，这也从另一个层面反映了人力资源在企业中发挥着越来越重要的作用。

（四）人力资源外包

人力资源外包（Human Resource Out-sourcing，简称HRO）是指根据企业的需要，将一项或多项人力资源管理任务或职能外包给其他企业或组织，以降低人力成本，实现效率的最大化。总的来说，人力资源外包将渗透到企业内部的所有人事业务，包括人力资源规划、制度设计与创新、流程整合、员工满意度调查、薪酬调查与方案设计、培训工作、劳动仲裁、员工关系、企业文化设计、员工招聘等。

构建多层次、多元化的人力资源服务机构集群，探索建立人力资源服务产业园，促进产业集聚发展。实施人力资源服务品牌推广策略。建立健全人力资源服务标准体系，规范服务流程。鼓励人力资源服务机构"走出去"，为中国企业开拓国际市场提供人力资源服务。加快发展服务业教育，加强员工培训，培育功能完善、规范有序、更加成熟的培训市场，不断满足多样化、个性化学习需求。支持民间资本投资发展培训产业，鼓励高等学校、职业学校、企业、行业协会等社会组织开展培训，鼓励培训机构多元化。规范和丰富培训内容，拓展和创新培训形式，完善质量评价机制，规范培训市场秩序。"十二五"期间，建立专业化、信息化、产业化、国际化的人力资源服务体系，实现公共服务的充分保障，市场经营性服务逐步壮大，高端服务业务快速发展，人力资源开发配置和服务就业能力明显提升，在实施中国通过人力资源开发振兴战略和就业优先战略中的作用进一步凸显。

目前，常见的人力资源外包服务项目包括员工派遣、社保服务、补充福利、工作外包、薪酬外包、猎头服务、员工招聘外包、员工培训外包等。

1．员工派遣

员工派遣的实质是"劳动关系"的外包。员工派遣，又称人才派遣和劳动力派遣，是由用人单位提出的，人力资源服务公司作为派遣公司，将满足需要的员工派遣到用人单位。

客户也可以将部分在岗员工转岗到人力资源服务公司。人力资源服务公司作为员工的合法雇主，与员工签订劳动合同，负责员工的人事管理。客户主要负责员工的工作管理。

劳务派遣服务最明显的特征是法定雇主与雇主的分离。具体内容包括：员工招聘调配、劳动合同管理、福利与工资管理、工资核算与分配、员工关系管理、劳动争议预防与处理、绩效管理、职业培训、员工文化活动、劳动政策咨询等。

2．社保服务

社保服务是人力资源服务公司利用自身的服务网络资源为客户提供社会保险和公积金的代理申报、缴纳、理赔、转移、咨询等一站式解决方案。

3．补充福利

补充福利是指企业在国家法定基本福利的基础上，根据其经济效益和支付能力而设立的补充福利项目。具体内容包括：商业意外险、商业补充医疗保险、员工体检、生日福利、节假日福利、劳动保险用品福利、差旅计划等。

补充福利外包主要是指企业委托第三方人力资源服务公司为企业定制福利方案并协助企业实施的一种业务。

4．岗位外包

工作外包服务是指企业将部分岗位的人力资源工作完全分包给第三方人力资源服务公司，而企业本身只需要专注于业务管理。

通过工作外包服务，企业可以发布招聘、开展职业培训、进行薪酬设计和计算、处理所得税以及社会保险和理赔，执行奖惩等，各类人事工作完全可以外包给第三方如人力资源服务公司，管理劳动关系、处理劳动争议、承担劳动就业可能导致的经济补偿等也可以由第三方人力资源服务公司进行。

5．薪酬外包

薪酬是企业与员工之间劳动关系价值的体现。薪酬外包是指企业与外部第三方人力资源服务公司建立合作关系。外部第三方人力资源服务公司负责其薪酬管理部门的日常事务。

随着市场薪酬水平的变化和企业经营状况的变化，工资管理工作变得越来越复杂，大量的数据录入等工资分配工作、跨地区工资支付、外籍员工工资支付、工资保密等，所有这些都将成为人力资源部门面临的新问题。

工资外包的主要内容包括：工资计算、工资分配、个人所得税事务、工资明细、工资卡管理、工资咨询等。

6．猎头服务

猎头服务是企业委托第三方人力资源服务公司对特定岗位的人才进行有针对性的寻找和招聘的服务模式。猎头服务进入中国已经十年了。随着中国改革开放和大量外资企业的涌入，中国的猎头服务也在迅速扩张和发展。猎头企业可以获得他们所需要的优质人力资源，同时促进人力资源在社会经济体系中的流动和合理配置。

7．员工招聘外包

招聘外包是指用人单位将全部或部分招聘选拔工作委托给第三方人力资源服务公司，由第三方人力资源服务公司利用自身的人才资源、评估工具和招聘流程管理优势，完成招聘工作的一种方式。

招聘外包服务包括人才推荐、招聘流程外包、背景调查、校园招聘、人才市场招聘、人才评估等。

8．员工培训外包

员工培训外包是指将培训计划制订、注册登记、后勤保障、课程内容设计、讲师选课、日程安排、设施管理、课程评估等核心功能外包给第三方人力资源服务公司。

目前，员工培训外包服务主要包括员工入职培训、职业资格培训、技能培训、法律培训、财税培训、专业知识培训等。

国内人力资源外包业务发展非常迅速，形成了以中国情报、北京外事、上海海外服务、泛亚人力资源为代表的一批国家级人力资源服务机构。

第三节　人力资源规划体系设计

人力资源规划是一个系统的战略工程，它是在企业发展战略的指导下，全面检查现有人力资源、分析企业内部和外部的基础条件，预测未来组织的人员供给和需求作为切入点，包括人力资源规划、工作计划的准备、人员配备、人员添加需求计划、供应计划、人事规划、人事素质提升规划、人事考核、薪酬规划等。人力资源管理政策规划基本涵盖人力资源管理工作的各个方面，并通过制定人事政策对人力资源管理活动产生持续而重要的影响。

一、人力资源战略规划

（一）人力资源的战略规划

根据企业总体发展战略的目标、方针、政策和策略来开发和利用企业的人力资源是各种人力资源具体计划的核心和关键。

（二）组织发展规划

组织发展规划是一个企业的总体框架设计，主要包括搜集、组织信息的处理和应用，组织结构图表的绘制，组织调查，诊断和评价，组织设计与调整，以及组织结构的建立、发布机构和人员分配等。

（三）人力资源规划

人力资源数量规划是总体规划人力资源的企业总量、结构和流动性，包括人力资源库存、人力资源需求与供给预测、人力资源补充计划、退休计划、人力资源供给和需求的平衡等。

（四）人力资源素质提升规划

人力资源素质提升规划包括岗位发展路径设计、人力资源培训计划、人才选拔任用计划、岗位轮换晋升计划等。

（五）人力资源成本规划

人力资源成本规划是企业人力成本和人力资源管理成本的总体规划，包括人力资源成本的预算、核算和结算、人力资源成本控制等。

（六）人力资源政策规划

人力资源政策规划是实现一般人力资源规划目标的重要保障，包括人力资源管理体系和制度建设的程序和制度化管理。

同时，企业在人力资源规划中需要把握以下原则。

必须充分考虑内外环境的变化。人力资源规划只有充分考虑内外环境的变化，才能适应企业的需要，真正为企业的发展目标服务。为了更好地适应这些变化，人力资源规划应该对可能出现的情况进行预测，包括风险和变化，最好有一个风险应对策略。

明确人力资源规划的基本目的，确保人力资源的供给。人力资源保障问题是人力资源规划中需要解决的核心问题。只有有效地保证企业人力资源的供给，才有可能进行更深层次的人力资源管理与开发。

人力资源规划的最终目标是使企业和员工共同发展并达到预期目标。人力资源规划不仅要面对企业规划，更要面对员工规划。企业的发展与员工的发展是相互依存、相互促进的。如果只考虑企业的发展需要，而忽视员工的发展，就会损害企业发展目标的实现。优秀的人力资源规划必须是能够使企业员工实现长期利益，实现企业与员工共同发展的人力资源规划。

高质量的人力资源规划是由企业内部相关人员共同完成的，而不是由人力资源部独立完成的。

二、人力资源现状盘点

人力资源盘点是人力资源规划的基础和起点，包括人力资源数量、人力资源结构、人力资源质量、人力资源成本和人力资源管理机制。

（一）统计人力资源的数量和结构

人力资源盘点是指对企业现有人力资源总量、效率和结构（年龄结构、学历结构、职业类型、员工层次）进行分析，找出人力资源存在的问题。

1．人力资源盘存总量

企业可以通过分析过去3～5年人力资源总量与变化趋势、人力资源总量与产出、人力资源总量与营业收入之间的关系，客观评价当前人力资源总量的配置与效率是否合理。

2．人力资源结构盘点

通过分析过去3～5年不同职位员工的年龄结构、学历结构、职业群体类型、员工层次结构、年龄和教育背景，企业能发现人力资源的分配结构是否合理。

（二）人力资源质量盘点

基于能力的人力资源管理思想认为，人力资源的质量是一个企业成功的关键因素，人力资源质量的库存必须建立在任职资格的基础上，通过所有员工和工作资格的比较结果发现员工的质量比例，然后为下一步公司的人力资源规划和员工培训计划提供依据。

（三）人力资源成本盘点

随着劳动力成本的逐年上升和企业间人力资源竞争的加剧，企业的人力资源成本也在逐年急剧上升。系统规划和合理控制人力资源成本将成为企业未来人力资源管理的重中之重。

企业人力资源成本包括人力资源收购成本（包括费用、招聘成本和选择成本、就业成本、搬迁成本等），人力资源开发成本（包括职前教育、在职培训和脱产培训成本等），人力资源成本（包括工资、福利、社会保险和公积金等），人力资源支持成本（包括劳动事故保险、医疗保健和退休保障，离职前的人力资源成本）。

（四）人力资源管理机制盘点

人力资源管理包括责任机制（责任部门、权力分布）、激励机制（长期绩效目标、员工激励）、分配机制（分配原则、工资制度和福利制度）、用人机制（就业理念、用人的原则）、访问机制（资质、人员招聘和试验），员工成长与发展机制（职业生涯规划、员工培训、员工晋升、岗位轮换等）。

三、人力资源规划实施

通过对企业人力资源现状的系统盘点和客观评价，企业可以得出以下基本结论。

一是人力资源总量、产出、营业额与营业利润之间的线性关系。

二是不同岗位组员工比例。

三是基于企业发展战略的员工学历结构要求。

四是根据员工的年龄结构和离职情况制订员工补充计划。

五是基于现有人力资源效率的改进方向和计划。

六是在现有人力资源质量的基础上，制订员工质量改进方向和计划。

七是基于现有人力资源管理机制的改进方向和计划。

如前所述，企业人力资源盘点是企业人力资源规划的出发点。通过盘点库存，为企业人力资源需求预测（总需求、质量需求、结构需求等）提供依据。

（一）人力资源和环境分析

有许多因素会影响企业人力资源管理，大到国际经济形势、行业发展趋势、国家劳动法律法规，小到企业用人的概念、用人的政策、企业性质、管理水平、管理人员。客观地分析和评价这些因素，将有助于企业系统规划和人力资源规划的实施。

人力资源环境分析是人力资源战略和人力资源规划的基础。人力资源环境分析可以帮助企业识别人力资源面临的挑战，为企业的发展提供人力资源保障。

（二）人力资源数量规划

人力资源数量规划包括人力资源需求预测、人力资源供给预测、人力资源需求与供给平衡三个部分。

1. 人力资源需求预测

所谓人力资源需求预测，是指对企业未来一段时间内的人力资源需求总量、年龄结构、岗位家庭结构、学历结构、专业技术岗位结构和技能结构的预测。

企业的人力资源需求预测不仅是内部操作条件和现有的人力资源状况等诸多内部因素，还有政治、经济、文化、科技、教育等许多不可控的外部因素，导致企业在人力资源规划、人力资源需求预测是更复杂的。此外，法律和人力资源开发的特点、人力资源发展的地位和在企业发展中的作用以及两者之间的关系也需要预测，分析影响人力资源开发的相关因素，揭示其发展的总体趋势。此外，在预测人力资源需求时，还需要掌握定性、定量、时间和概率这四个基本要素以及它们之间的相互关系。

在人力资源需求预测过程中，企业可以遵循以下步骤。

第一，根据现有组织制度确定岗位设置。

第二，对人力资源现状进行盘点，确定人员配备是否满意，员工是否能满足岗位要求。

第三，根据企业发展战略，预测企业未来3～5年的经营状况，确定未来3～5年各部门的工作量。

第四，对预期退休人员进行统计。

第五，根据历史数据，预测未来3～5年的员工离职和解雇情况。

第六，根据岗位需求和员工离职（退休、离职、解雇）情况，预测未来3～5年的人力资源需求。

企业也可以使用一些方法来预测人力资源需求。常用的人力资源需求预测方法可分为定量预测和定性预测。

（1）定量预测方法

①趋势预测方法

趋势预测方法是利用企业的历史数据，根据一些因素的变化趋势，预测某一时期的人力资源需求。在使用时，一般假定其他所有因素保持不变或变化在同一范围内，往往忽略了循环波动、季节波动和随机波动等因素。

②统计预测方法

统计预测法是根据过去的情况和数据建立数学模型，对未来趋势进行预测的一种定量预测方法。常用的统计预测方法有：比例趋势预测法、元线性回归预测法、多元线性回归预测法、非线性回归预测法、计量模型预测法等。

成比例的趋势预测。这种方法通过研究不同比例的历史统计数据，如部门经理和员工之间关系的比例数、部门员工人数和机械设备、员工总数和生产之间的比例关系等，考虑到未来的变化情况加以预测，然后预测未来需求的所有类型的员工。该方法简单可行。关键在于历史数据的准确性和对未来变化的估计。

简单线性回归分析，又称单变量预测模型。如果只考虑一个因素，如企业的市场规模和产能规模，而忽略其他因素的影响，则可以采用一元线性回归预测方法来预测人力资源需求。如果考虑两个或两个以上因素对人力资源需求的影响，则需要多元线性回归预测方法。如果其中一个影响因素与人力资源需求之间的关系不是线性的，那么就需要使用非线性回归方法进行预测。

计量经济模型预测。该方法首先以数学模型的形式表达企业员工需求与影响企业员工需求的主要因素之间的关系，然后根据该模型和主要影响因素变量对企业员工需求进行预测。这种方法比较繁琐，一般只有在管理上有了更好的基础，大企业才会采用。

③工作量预测方法

指的是根据历史数据工作分析的结果，计算一个特定工作单位时间（例如每天）的工作负载（例如生产），然后基于未来的生产目标（或服务）来计算总的工作负载，然后根据以前的标准转化为需要的人力资源。该方法的对象是企业的总工作量与完成工作所需的人力资源数量之间的关系。考虑每个员工的工作量与企业总工作量的比值。公式可以表示为：

未来每年需要的员工人数=未来的工作量/每个员工每年能完成的工作量=未来的总工作时数/每个员工每年的工作时数

因此，工作量法的关键部分是正确预测企业的总工作量和员工的工作量。当企业的环境和劳动生产率增长相对稳定时，该预测方法更方便，预测效果更好。

④劳动定额预测方法

劳动定额预测法又称比例分析法。劳动定额是单位时间内对劳动者应完成工作量的规定。

⑤行业比例法

行业比例法是根据员工总数的比例和一定类型员工的总数来确定职位的数量。在同一行业中，由于专业分工和合作要求，一种类型的人员与另一种类型的人员之间存在一定的比例，这种比例会随着人数的增加而变化。这种方法更适合于人力资源、财务管理等各种辅助和支持岗位的人员规划。

（2）定性预测方法

①管理评价方法

管理评价方法是利用现有的信息和数据，根据相关人员的经验，结合公司的特点，对公司的人力资源进行预测。管理评价方法有自下向上和自上向下两种。"自下而上"是当直线部门的经理提出招聘需求和建议向上级主管；"自上而下"的预测意味着公司的最高管理层首先草拟公司的总体工作目标和建议，然后是各级部门确定就业计划。企业人力资源预测是最好的"自下而上"和"自上而下"的联合使用在两个方面，首先提出了指导公司人力资源需求，再由各部门，根据公司的要求指导，会同人力资源部、培训部确定人力资源的具体需求；与此同时，人力资源部汇总确定整个公司的人力资源需求，最终形成的人力资源需求预测报公司审批。

②现状预测方法

目前的预测方法是最简单的短期预测方法之一。该方法假设企业保持原有的生产和技术不变，使企业的人力资源处于相对稳定的状态，即企业的人员比例和总人数能够适应规划期内的人力资源需求。因此，人力资源预测人员的工作就是计算哪些岗位在规划期间会被提升、降职、退休或调离组织，然后准备调动人员来弥补。

③实证预测方法

实证预测方法适用于小而稳定的企业。它是利用现有的情报和数据，结合企业过去的经验和实际特点，预测企业未来人才需求的一种方法。预测结果受经验影响较大，不同的管理者有不同的经验。因此，通过维护历史档案、查阅历史资料和多人综合预测，可以提高预测的准确性，减少预测误差。该方法适用于企业在一定时期内发展方向没有变化的情况，通常用于短期预测。

④场景描述

情景描述是企业人力资源部门对企业未来战略目标及相关要素的一种假设描述、分析和综合，以及适应和应对环境和因素变化的各种人力资源需求替代方案。情景描述通常用于预测和分析环境变化或组织变化背景下的人力资源需求。

⑤岗位研究预测方法

岗位调研预测法是指企业根据具体的岗位内容和职责范围，在假设岗位人员完全胜任该岗位的前提下，确定其工作量，最终得到所需人数的方法。工作研究与预测方法的关键是首先进行科学的工作分析，编制准确的工作描述，制定科学的就业标准。当企业结构简单、职责明确时，工作研究分析和预测更容易实现。

⑥微集成法

微集成方法是指企业的各个部门可以根据自身部门的需要，预测出未来某一时期对各类人员的需求。人力资源管理规划师可以整合各部门的预测，形成一个整体的预测方案。这种方法从上到下分配预测工作。各直属部门经理根据所在部门的业务发展需要，对某一人员未来的需求进行预测，然后进行自下而上的汇报、预测和总结。它适用于短期预测，是组织的生产和服务相对稳定的地方。

⑦零基础预测法

零基础预测方法是根据组织中现有的员工数量来预测未来对员工的需求。如果一个员工退休了、被解雇了或者因为某种原因离开了公司，这个职位就不会空着。因此，必须进行人力资源需求分析，以确定是否需要增加工作人员。但当需要创建新职位时，也需要进行同样的分析。这种分析的关键是对人力资源需求进行详细的分析。

⑧驱动因素预测方法

该方法的原理是，与企业本质特征相关的一些因素支配着企业的活动或工作量，进而确定企业的人员需求。驱动因素预测步骤：寻找驱动因素，包括输出的变化（收入、生产或销售的单位或数量、完成项目、贸易等），提供的服务数量、质量和速度的变化，客户关系的变化（大小、时间、质量），新资本投资（设备、技术等），分析驱动因素之间的关系和人力资源需求；根据预测驱动因素的影响预测人力资源需求。

⑨专家讨论法

专家讨论法适用于科技型企业的长期人力资源预测。因为相关领域的技术专家掌握了技术发展的趋势，所以更容易预测该领域技术人员的状况。为了提高预测的可靠性，可以采用二次讨论的方法。在第一次讨论中，专家们独立提出自己的技术发展预测方案，管理者们对这些方案进行整理，并将其编入企业的技术发展方案中。第二部分主要是基于企业的技术开发计划对人力资源进行预测。

⑩德尔菲法

德尔菲法是邀请某一领域的专家或有经验的管理者，以问卷调查或小组访谈的形式，对企业未来的人力资源需求进行分析、评价和预测，并最终达成共识的方法。该方法实施较为严格，需要注意：

专家人数一般不少于30人，问卷回收率不低于60%，以保证调查的权威性和普遍性。

该方法的实施需要高层的支持，同时向专家提供足够的信息，以确保判断和预测的质量。

问卷选题设计应突出主题，明确意图，确保专家从相同的角度来理解问题。

在预测中，专家之间不能讨论或交换意见。

该方法适用于长期预测，被调查者可以是个体，也可以是面对面的专家组，也可以是背靠背的专家组。面对面，专家可以相互启发；背靠背的形式消除了权威专家彼此间的影响，每个专家都可以独立表达自己的观点。

2．人力资源供给预测

人力资源供给预测是预测数量、质量和结构的人员，可以提供（或者也许是对培训）提供的组织和外部劳动力市场在未来某一时期，以满足工作人员的需求产生的企业实现目标。

人力资源的供给分为内部供给和外部供给。内部供给是根据内部人员信息状态预测可用的人力资源，以满足未来人员变动的需要。外部供给是指企业通过外部人力资源市场所能获得的人力资源。外部供给预测通常可以参考已发表的统计数据，如每年高校毕业生人数、企业就业情况等，预测市场上某些人才的供给是供大于求还是供大于求，以便采取相应的对策。

可以采取以下步骤来预测人力资源的供应：

第一，分析公司的人力资源现状，如人力资源的部门分布、技术知识水平、工作类型、年龄、学历构成等，了解公司员工的现状。

第二，分析公司人力资源流动的现状及原因，预测未来的人力资源流动情况，采取相应措施避免不必要的流动，或及时更换。

第三，掌握公司人力资源的晋升和内部调动，确保工作岗位的连续性。

第四，分析工作条件变化（如工时制度、轮班制度等）和出勤率变化对人力资源供给的影响。

第五，掌握公司人力资源的供给来源和渠道。人力资源可以来自公司内部（如冗余人力资源的安排、人力资源潜能的发挥等），也可以来自公司外部。

同样，影响人力资源供给的因素既有外部因素，也有内部因素。

企业也可以使用一些成熟的方法来预测人力资源的供给。常用的方法包括：

（1）单方法代换

这种方法是基于对人力资源的全面调查和对现有员工潜力的评估，以确定公司内每个职位的内部供应源。通过这项规划，人力资源的可得性可以通过需要填补的空缺的升级和员额编制水平来确定。

（2）管理人员的继任规划

管理人员继任规划是企业内部人力资源供给最常用的方法，也是一种特殊的替代法。实施管理层继任计划的基本步骤如下。

第一步是确定计划的范围，即确定需要制定管理人员继任计划的岗位。

第二步是确定每个管理职位的继任人选。一般每个职位可以选择1～3名继任人选。

第三步是对继任人选进行评价，根据继任岗位的岗位资格标准对每一位继任人选进行评价，列出每一位继任人选的素质缺陷。

第四步是培养接班人，确定其专业发展方向。

第五，管理岗位空缺时，根据继任候选人的综合素质和表现确定继任者。

（3）A/B角法

A/B角法是指事先计划好两个人在企业中承担同样的任务，A角是主要的，B角作为补充。一般也指在A角出现紧急情况或特殊情况时，B角是负责人，B角是A角的补充人性。

（4）马尔可夫方法

马尔可夫方法是根据历史数据，以等间隔时间点（如一年）预测各类人员的分布。该方法的基本思想是根据过去的人事变动规律来预测未来人事变动的趋势。步骤如下：

第一步是根据历史数据计算各类人员的调动率和调动率矩阵。

第二步是在初始点统计各人员的分布情况。

第三步是建立马尔可夫模型，对未来各类人员的供给进行预测。

3．人力资源需求与供给平衡

人力资源需求预测和供给预测之后，人力资源数量规划需要做的是平衡人力资源的需求和供给。

有时，企业会出现人力资源过剩或短缺，或者人力资源结构失衡。人力资源供求平衡就是要对此作出调整。

人力资源的短缺必须与人力资源的供给相平衡，人力资源的供给既包括外部供给，也包括内部供给。企业在实际运营过程中首先要考虑内部供给，当内部供给不能满足时，再考虑外部供给。如果人力资源过剩，即企业存在人员冗余时，应首先考虑发展新业务，通过自身发展增加对人力资源的需求。同时，也可以采取一些特殊的措施，如提前退休、压缩时间、调岗和解雇，以减少人力资源的增加。

然而，企业人力资源供求的不平衡往往是结构的不平衡。在这种情况下，企业可以通过鼓励内部转岗和员工轮岗来实现人力资源结构的再平衡。

此外，当企业在平衡人力资源的供求，尤其是内部结构的平衡时，还需要考虑根据不同企业的特点和用人观念采取不同的战略。一般的人力资源供给策略包括外部引进、内部晋升、内部调动和岗位调动、解雇和淘汰。

（三）人力资源增长和发展规划

人力资源增长与发展规划包括人力资源增长规划和人力资源培训规划。

1．人力资源成长规划

为员工提供成长与发展的路径和机会是企业人力资源管理的一个重要工作。常见的人力资源成长与发展路径规划有员工职业生涯规划与辅导、岗位轮换、职位晋升计划、脱产学习、接班人计划、挂职锻炼、导师制等，不同的方法适用于不同的群体，也具有各自的优缺点，企业在选择的时候需要综合考虑。

2．人力资源培训计划

人力资源培训计划就是根据不同职位任职资格的要求，为员工量身定制培训计划，以提升员工综合能力，提高岗位适岗率。

（四）人力资源成本规划

人力资源成本是一个组织为了实现自己的组织目标、创造最佳经济和社会效益而获得、开发、使用、保障必要的人力资源及人力资源离职所支出的各项费用的总和。企业人力资源成本包括以下五种：

1．人力资源的获得成本

人力资源获得成本是组织在招募和录取员工的过程中发生的成本。主要包括招聘成本、选择成本、录用成本、安置成本四种。

2．人力资源的开发成本

为了提高工作效率，组织还需要对已获得的人力资源进行培训，以保证他们具有预期的、合乎具体工作岗位要求的业务水平。这种为提高员工的技能而发生的费用称为人力资源的开发成本。人力资源开发成本，是组织为提高员工的生产技术能力、增加组织人力资产的价值而发生的成本，主要包括上岗前教育成本、岗位培训成本、脱产培训成本等。

3．人力资源的使用成本

人力资源使用成本是组织在使用员工过程中产生的成本。人力资源的使用成本包括维护成本、激励成本、调整成本等。会计核算方法介绍如下：

维护费，包括职工工时或计件工资、劳动报酬性津贴（如职务津贴、生活津贴、医疗保健津贴、法定加班津贴）、各种福利费（如住房津贴、育儿费、生活设施费）、年终劳动分红。会计公式如下：

维护费=员工的小时或计件工资+劳动报酬津贴+各种福利费用+年终劳动分红等奖励费用，包括各种超产奖、创新奖、建议书奖等奖励费用。会计公式如下：

奖励成本=各类额外生产奖励+创新奖励+建议奖励+其他奖励支出调整成本，包括员工调休成本、员工康体活动成本、员工业余协会成本、员工正常休假成本、假期成本、改善企业工作环境成本。会计公式如下：

调整成本=员工人数×调整成本率

4．人力资源的保障成本

人力资源的保障成本，是保障人力资源在暂时或长期丧失使用价值时的生存权而必须支付的费用，包括劳动事故保障、健康保障、退休养老保障、失业保障等费用。

5．人力资源的离职成本

人力资源的离职成本是由于员工离开组织而产生的成本，包括离职补偿成本、离职前低效成本、岗位空缺成本等。

（五）人力资源管理机制改进规划

企业人力资源的供给和需求平衡，人力资源成长和发展，包括人力资源规划和控制成本，离不开有效的企业人力资源管理机制的设计和实现。因此，企业在进行人力资源规划时，人力资源管理必须与企业规划机制同步推进。

第四节　战略、流程与组织

一、战略、流程和组织之间的关系

战略是企业经营运作的根本和方向，企业的相关流程动作、组织设计都受其影响和调整。而组织则是战略实施和流程运作的基本平台。流程是战略实施和组织运作的具体载体和方式。因此，组织设计的出发点应该是企业发展战略。

在制定企业战略时，企业首先需要考虑的是实施战略需要遵循什么样的过程体系。然而，过程系统的有效运行离不开组织系统的支持。我们常说：战略决定做正确的事，过程和组织保证做正确的事。

此外，企业的商业模式和价值链选择以及商业模式也会因战略的不同而有所不同。即使战略选择相同，企业的价值链选择和商业模式也可能不同。在这种情况下，企业的组织结构将有所不同。

常见的商业模式有市场领先、技术领先、生产管理、横向分工、分散经营、混合经营、集中经营、分级管理。

二、组织及组织设计

一个组织是一群人，他们通过分工和不同层次的权力和责任一起工作，以达到一定的目标。换句话说，任何组织都必须有明确的目标，严格的分工和权力分配。商业是一个组织，学校是一个组织，家庭是一个组织，所以我们生活在一个有着各种各样的组织的世界里，组织无处不在。

组织结构是指组织的所有成员在分工与合作中，按照相互关系、职责范围、职责、权力、职位、层次等方面的一定原则，为实现组织目标而形成的一种框架体系。

组织设计是建立或改造企业组织的过程，包括对企业活动框架和组织结构的设计和再设计。它是一种有效地结合和协调任务、过程、权力和责任的活动。

一般企业在进行组织设计时需要注意以下几个方面。

一是诊断公司组织结构和职能分工中存在的问题。

二是明确公司发展战略，梳理或设计公司流程体系。

三是根据战略和流程调整公司的一级和二级组织结构。

四是初步划分和设计公司的管理水平、管理范围和管理水平。

五是部门职责描述。

六是组织体系实施方案设计，包括组织结构调整方案、人员调整方案、支撑岗位体系设计方案、绩效薪酬支撑方案等。

在组织设计中，人们必须提到两个基本概念：管理层级和管理范围。

管理层级是指从最高管理者到具体员工的层级数量。影响管理水平的因素包括专业化程度和组织规模。

管理范围是指直接隶属于经理的下属人数。影响管理范围的因素包括管理者的能力和下属的综合素质。

三、组织设计原则

为了确保组织系统不仅可以满足企业经营的需要，也为确保快速实现企业战略和流程，同时需要各部门的协调，大大提高组织效率，在组织设计中，充分掌握一些原则组织设计是非常必要的。

（一）战略实现原则

战略实现原则是指企业在进行组织设计时，应以未来企业战略目标的实现为"目标"，以年度业务目标的实现为"目标"。它不仅要着眼于现在，而且要放眼未来，因为不同的战略对企业组织有不同的要求。

（二）责任与权力对等原则

责任与权力对等原则是指各部门、各岗位在进行组织设计时，应尽量做到职责与权力相匹配。只有这样，部门和岗位才能方便地开展工作。一般来说，我们将企业的权力分为四类，即财务权力、人事权力、信息权力和资源配置权力。在进行组织设计时，一般需要同时设计权限分配表，一般称为"权限手册"或"分权手册"。

（三）员工素质匹配原则

与员工素质匹配原则是指组织结构的设计必须与现有员工的综合素质相结合，不能脱离现实。企业可以根据公司的需求战略能力素质模型设计公司岗位，设立不同的工作岗位时，不同的工作岗位和资历的胜任力模型，然后通过分析持有人和测试，发现员工自身素质的差异与组织的需要，通过持续的培训，使员工的综合素质能够胜任实现组织的需求。

（四）组织扁平化原则

组织扁平化原则是指在组织设计中尽可能扩大管理范围，降低管理水平。如果企业有太多的管理层次，一方面，它会导致管理职位和管理成本的增加；另一方面，组织信息传递缓慢，容易导致信息失真，同时使该组织的计划和控制过程复杂。当然，如果要设计合理的管理范围和管理水平，设计师需要了解不同管理水平和管理范围的优缺点。

（五）分工合作原则

分工协作原则是指组织内部的分工细化，也需要密切的合作。传统的组织结构过于追求分工，从组织发展的趋势来看，组织内部的合作越来越重要。

传统企业：过于注重分工。长期以来，部门间的沟通与合作主要依靠企业的文件、企业级会议和行政命令。

现代企业：既注重分工，又注重协作，分工是手段，协作是目的。现代企业部门之间的协作主要依赖于跨部门的过程。此时，部门不再以个人为单位，而是以两个或两个以上与流程相关的部门为共同体，部门注重的是整个流程的绩效，而不是部门的个人绩效。

内部分工有水平分工和垂直分工。

作为一个正式的组织、一个协作系统，无论其级别大小，都应该包含三个基本元素：

1. 合作意愿

一个组织是由个人组成的。一个组织提供其成员愿意合作的劳动和服务是必不可少的。没有合作意愿，就不可能有机地整合组织中不同成员的个人行为，协调组织活动。

2．共同的目标

共同目标是实现合作意愿的必要先决条件。没有共同目标，合作的意愿就不能发展。没有共同的目标，组织的成员不知道组织需要他们付出什么样的努力，也不知道他们可以从合作中得到什么样的满足。

3．信息沟通

一个组织的共同目标和不同成员的合作意愿只有通过信息沟通才能联系起来，形成一个动态的过程。没有信息的交流，不同的成员是不可能对组织目标有一个共同的理解和普遍接受的。没有信息的交流，组织无法了解成员的合作意图和强度，也无法将不同成员的努力形成协作劳动。因此，组织的存在和活动都受到信息传播的制约。

（六）权力转移原则

权力转移原则是指企业根据部门和岗位的需要，按照责任与权力对等的原则进行适当的权力转移。特别是对于部门负责人，要明确相关权限。

任何组织都是以某种形式的权力为基础的。没有这种权力形式，组织的生存是非常危险的，实现组织目标是不可能的。

权力可以消除组织的混乱，使其有序运行。韦伯将这种权力分为三种类型。

第一，合理的法律权力。这种权力就是依法任命和下达行政命令的权力。服从这一权力是依法建立的一套等级制度，即服从权力来确定自己的地位。

第二，传统的权力。它的基础是古老、传统、不可侵犯和行使这种权力的人的地位的合法性。

第三，超越的力量成为"上帝的力量"。它意味着权力是建立在个人崇拜和迷信的基础上的。

（七）不设副主任职务或者减少副主任职务的原则

不设副员额的原则，是指二级部门尽量减少副员额或不设管理副员额的原则，以避免资源浪费和指挥重复。

一般企业在下列情形下，可以考虑设立副职：第一，一般工作需要晋升。第二，专职管理范围过大。第三，部门职能涉及多个专业，专业知识有限。第四，由于企业业务和规模的迅速扩大，需要培养后备干部。

（八）分工和专业化原则

专业化原则是指按照专业化的思想设置部门和岗位。根据价值链模型，商业活动可以分为基础活动和支持活动。基本活动是指生产经营的实质性活动，一般可分为原料供应、生产加工、成品储运、市场销售和售后服务五种活动。这些活动直接关系到商品实体的加工和流通，是顾客的基本增值活动。支持活动是指在企业内部支持基本活动和相互支持的活动，包括采购管理、技术开发、人力资源管理和企业投资的企业基础设施。其中，采购管理、技术开发和人力资源管理支持活动不仅支持整个价值链的活动，而且与每一个具体的基础活动密切相关。企业的基本活动支持整个价值链的运作，与每一项基本活动没有直接关系。

基于以上价值链的概念，企业进行内部分工时，必须按照基本活动和支持活动的专业进行分工。只有这样才能大大提高组织的效率。

四、常见的组织模式

不同的企业，其结构是不同的，差异非常大，而这些差异与企业规模、产品结构、管理风格、管理风险控制、产业发展有密切的关系。但无论组织如何变化，总也无法免于以下几种常见的组织模式，包括线性组织模式、函数型组织模式、矩阵组织模式，政治组织模式、商业组织、混合组织模式等。

（一）职能中心组织

以职能为中心的组织强调各职能的有效发挥。它强调组织内部的分工，要求分工必须是"横向到边缘，纵向到终点"。同时，为了保证职能的发挥，以职能为中心的组织会设置许多监督岗位。目前，大多数企业的组织基本上是功能性的。

1. 以职能为中心的组织特征

经过多年的实践，以职能为中心的组织已经显示出它的优点和缺点。

职能型组织的优势：

一是分工明确，每一份工作都能找到一名负责人。

二是有明确的控制制度，上级可以对下级进行监督和控制。

三是决策集中，决策速度快，对市场变化反应快。

四是严格的管理制度使员工在工作习惯上容易达成一致。

五是员工素质要求低。

职能型组织的弊端：

一是中心错位，员工只关注"领导"而不关注"客户"。

二是外部多点接触，没有人注意水平流的连接和控制，导致客户不满。

三是协调机制不完善，部门主义严重，经常发生争吵。

四是组织结构的官僚化，管理机构众多，层次重叠，很多工作是为了协调内部关系，导致管理成本上升。

五是缺乏灵活性，系统僵化，无法适应环境的变化。

六是多层次的信息传递导致信息失真。

七是权力过度集中，掌握信息的人无法作出决定。

八是单一文化、制度导致"官本位"现象，中产阶级利益冲突导致内耗，职业发展空间狭窄，缺乏学习创新机制。

2．建立职能中心组织机构

以职能为中心的组织存在许多问题和不足。对于最常见的组织形式，很多企业在如何规范和高效运作方面并不理想，这就要求企业根据自身情况进行优化和调整。

（二）Process-centered组织

与职能组织相比，以过程为中心的组织强调以过程为导向，旨在提高组织效率和顾客满意度。

以流程为中心的组织的兴起和快速发展并不是偶然的，其驱动力来自三个方面。

第一，组织外部环境发生了变化。全球经济一体化、技术的快速更新和客户需求的多样化都促进了组织的变革。

第二，传统功能中心型组织的缺点是组织驱动力不足，组织臃肿，部门之间含糊其词，组织效率低下，无法满足激烈的市场竞争的需要。

第三，过程再造、价值链、核心竞争力等管理理论的发展，为以过程为中心的组织的诞生和发展提供了坚实的理论基础。

1．流程中心型组织特征

为了使读者清楚地了解以过程为中心的组织的特点，笔者认为有必要对其优缺点进行阐述，从而避免其弊端。

以流程为中心的组织的优点：

一是有明确的工作流程和上下游员工的工作关系。

二是授权机制清晰，基层员工参与企业决策，企业决策成功率极高。

三是打破以部门为中心的工作壁垒，工作效率高。

四是坚持以客户为中心，使员工在工作过程中"睁大眼睛"，以满足客户需求为工作原则。

五是实现组织的扁平化管理，提高管理水平，降低管理成本。

以流程为中心的组织的缺点：

一是决策分散，决策速度慢。

二是对员工素质的要求是团队而不是个人。

三是文化氛围多元化，内部管理难以统一。

2．流程中心型组织建设

由于以过程为中心的组织强调以过程为导向，企业在构建过程中可以遵循以下思路：

（1）核心价值链的选择与分析

对于不同的企业、不同的战略，价值链的选择也会有所不同。企业可以选择生产、供应、销售，也可以选择一两个做得更好、更强。

一般来说，企业的核心价值观集中在采购（供应商开发、采购价格、采购交付与服务、物流、仓储等）、生产（生产计划、流程、交付等）、营销（定价、销售策略、销售订单处理、营销、促销、客户服务、客户关系、咨询服务、批发业务、零售终端等）。由于企业的核心目的是实现经济效益的最大化，所以在选择核心价值链时，只需要根据企业的核心能力，抓住最具价值的关键点。

（2）确定并建立核心流程

企业核心价值链分析、函数中心类型组织分工，将各业务系统的核心业务分解，与协作过程中心类型组织相比，需要建立核心业务逻辑之间的关系，和它们串在一起的过程，这种类型的组织和功能中心类型的组织过程最重要的区别是中心。

企业战略的实现必须依靠有效的运行过程，识别和建立核心流程体系是process-centered组织操作的前提。

（3）核心流程优化与再造

企业的战略会在不同的发展阶段进行调整，年度商业计划要求年度流程的重点有所不同。因此，企业需要与时俱进，作出必要的调整和优化。

（4）建立流程团队

为确保过程的实现和效果，process-centered组织的建设还需要企业做两件事：建立流程的团队和施工过程的管理理念。

人们可以看到，在以流程为中心的组织中，企业运营的核心不再是职能部门，而是跨多个部门的业务流程，因为在企业内部创造价值的不毛是职能部门，而是业务流程。

事实上，这种以流程为中心的组织在中国的华为、中兴、万科等企业中通过近年来的实践已经向前迈出了一步。

这种组织结构已经完全背离了我们熟悉的金字塔式组织模式，在这种模式下，职能部门被弱化，业务流程被导向。每个业务流程都有一个"流程协调器"角色，该角色全面控制每个业务流程的进度，并对结果负责。

在企业中建立过程团队有两种形式：

长期的过程团队。它是指由流程协调员和流程各环节的"流程团队"按照既定的业务流程组成的流程团队，相对稳定。

临时团队的过程。需要临时建立的团队，以运行特定作业和流程的流程，该团队在该特定作业结束时解散。例如，对于很多以项目制造和运营为核心的企业，每一次项目启动会议都会成立一个项目团队。这个团队将按照项目管理流程工作。当项目结束时，项目团队将相应解散。

除了流程团队的建设，在推进以流程为中心的组织建设的过程中，还有一个非常关键的问题，就是培养一批具有流程管理理念的员工。由于强调过程管理必须打破地区分割的功能管理思想，同时要求所有员工从之前的"领导"核心转变为"以过程为核心"。

（5）建立过程绩效评价体系

以职能为中心的组织强调职能的有效履行，因此在绩效评价中要建立职能管理。以过程为中心的组织构建也是如此。为了使其发挥作用，有必要建立一个基于过程的绩效评价体系。

以过程为中心的组织的绩效评价体系必须根据过程的结果来衡量过程团队中每个成员的工作绩效，鼓励以顾客为中心，倡导协作文化。

（三）以战略为中心的组织

以职能为中心的组织强调职能的履行，以"领导为核心"则是领导的指示和意愿。随着时间的推移，这些组织形成了各种各样的"山文化"和"部门墙"，导致组织效率低下，部门之间的协作越来越差。以过程为中心的组织打破了以功能为中心的组织的弊端，保证了单个过程的效率，使员工在同一过程系统中的工作定位更加清晰。然而，以过程为中心的组织也存在问题，即如何解决过程之间的协同？如何保证企业整体运营效率的最大化？这就要求企业建立以战略为中心的组织，因为任何企业都必须以实现特定的战略目标为前提。战略目标的分解首先要评估过程之间的协同作用，然后再考虑部门职能的正常表现。

1. 战略中心型组织特征

战略中心型组织结合了职能中心组织和过程中心组织的优点，使组织的目标更加明确，过程更加有效，组织功能的表现更加有效。

（1）强调所有行动与战略的一致性

企业存在的唯一原因是客户仍然"需要"它，如果客户不再"需要"，企业就会走到尽头。那么，如何确保你的客户希望你的业务持续发展呢？解决这个问题的唯一途径是企业的战略。战略是：满足客户的某些关键需求；以优于竞争对手的方式执行并继续这样做。从这个意义上说，企业中的任何行动（包括流程、组织和员工）都必须基于满足客户需求和战略实现。

（2）使战略不再遥不可及

一般来说，涉及战略，绝大多数人会认为这是老板的事，是最高管理者的事，似乎与自己无关。因此，员工往往会因为不清楚自己的目标而失去实际工作的方向和动力。与此同时，企业的高层管理人员也会因为战略不能落地而苦恼，总是悬而不决。以战略为中心的组织强调对企业战略的清晰描述、战略图的分解、战略转化为经营行动计划，从而建立每个员工的工作与企业战略之间的关系。

（3）强调战略、过程和职能的有效协调

从前面分析的函数类型组织和流程中心和组织形式的优点和缺点可以看到，这两个组织着重于有效的协调策略，强调以战略为核心，围绕战略有效协调流程和功能。

2. 战略中心型组织建设

卡普兰和诺顿认为，战略中心组织的构建必须遵循以下五个基本原则。

（1）高层领导推动变革

以战略为中心的组织建设是"第一工程"，没有高层的参与和支持，很难想象战略变革能够取得最终的成功。而且，如果没有高层的参与，组织很难实现横向和纵向的协调，很难通过平衡计分卡给组织带来明显的价值，很难建立一个真正的战略中心组织。

（2）将战略转化为可操作的行动

卡普兰和诺顿的第三本书《战略地图》中对无形资产转化为有形的结果和高级的团队有一个清晰的策略，确定战略目标，并把战略转化为一个简单的战略地图，可以清晰地体现业务单元和职能部门的战略目标之间的因果关系。然后，使用平衡计分卡对关键目标进行详细说明，为每个目标设置测量指标和指标值，确定行动计划和负责人。这样，企业的战略就可以转化为一系列可操作的行动计划。

（3）围绕战略协调组织

企业高层管理人员对组织的战略地图和平衡计分卡达成一致后，应将战略划分为组织的各个层次，实现纵向和横向的有效协调。垂直协作通过功能管理实现，而水平协作通过流程实现。此时，企业需要整合职能组织和过程中心组织的优势，以实现战略目标和实施行动计划为核心，进行内部高效协作。

（4）策略成为每个人的日常工作

战略管理归根结底是对人的管理，如果战略的实施得不到全体员工的支持，很难想象会有一个成功的战略管理。因此，对于企业管理者来说，首先要建立科学合理的管理制度，建立强有力的执行机制，然后逐步优化人员管理。如果最终没有体现在个人价值的实现上，那么战略实施的结果是不可持续的。因此，有必要考虑将个人实施结果与个人职业发展、员工能力提升、激励机制联系起来，形成完整、可持续的战略管理体系。这样，当个人努力实现个人目标时，也有助于组织实现企业的目标。战略必须成为每个人的日常工作。

卡普兰和诺顿开发了许多工具来帮助组织将个人绩效与组织绩效联系起来。这些工具可以逻辑地分解组织目标，有效地确定组织的战略定位。通过这些工具，每个员工对战略目标的贡献变得直观和清晰。组织可以根据员工对战略目标的贡献进行针对性的培训和发展，这些战略目标与招聘、薪酬和晋升有关。这样，平衡计分卡也促进了组织的战略人才管理过程。当然，在此之前，要保证组织的战略得到有效的分解和协调，才能达到战略中心组织的地位，取得突破性的绩效。

（5）策略成为一个连续的过程

战略中心型组织的最高境界是让企业成为战略管理的一个持续的过程，定期审查和评审，分析问题和改进，成为一个完整的业务流程系统，并确保企业的操作策略。

除了上述提到的以功能为中心的组织、以过程为中心的组织和以战略为中心的组织之外，美国著名管理科学家彼得·圣吉也提出了学习型组织，学习型组织是未来组织发展的趋势。

在新的经济背景下，企业要实现可持续发展，必须全面提升自身能力。也就是说，一个公司不能仅仅依靠像福特和斯隆这样伟大的领导者来做决定。未来真正优秀的企业将是一个能够找到方法让各级员工全身心投入并不断学习的组织——学习型组织。

学习型组织有五个组成部分，分别是：

第一部分，建立共同愿景：愿景可以凝聚整个企业的意志力。通过组织的共识，每个人的努力方向是一致的，每个人都愿意为组织的目标作出贡献。

第二部分，团队学习：团队智慧要大于个人智慧的平均值，才能作出正确的组织决策，通过集体思维和分析发现个人的弱点，增强团队的向心力。

第三部分，改变思维模式：组织的障碍主要来自个人的旧思维，如固执、自大等。只有通过团队学习和标杆管理，我们才能改变思维模式，进行创新。

第四部分，自我超越：个人与愿景之间存在差距创造性的张力是自我超越的源泉。

第五部分，系统思维：通过信息搜集，掌握事件的全貌，避免只见树木不见森林。还需要培养具有全局思维的能力，清楚地看到问题的本质，并帮助清楚地理解因果关系。

第五节　组织体系设计需要重点解决的问题

在组织体系设计中，整合职能型组织、过程型组织、战略型组织和学习型组织的优势，将企业的战略选择与规模相结合，因地制宜，是企业最理想的选择。本书将企业组织系统设计过程中需要重点思考和解决的问题归纳为以下10个方面。

一、企业治理结构设计

为了保证企业经营的稳健性，降低企业的风险管理和决策，企业需要建立必要的组织设计和治理结构来帮助决策，共同治理结构有战略委员会、审计委员会、薪酬与绩效和其他专业委员会等，不同的委员会需要执行的责任是不同的。

（一）策略发展委员会

组成：董事会成员、独立董事、外部专家。
核心功能：
一是组织制定企业整体经营战略。
二是提出了企业职能战略的指导思想。
三是组织制订企业经营目标和定期经营计划。

四是对企业战略实施过程进行监控和定期评估。

五是根据企业战略的需要，负责企业组织结构的设计和重大调整。

六是与其他战略领域有关的重要事项的管理。

七是负责制定委员会会议制度和章程。

（二）审计委员会

组成：审计委员会成员3人以上，外部独立董事占多数，独立董事中至少有一名是会计专业人员。

核心功能：

一是经股东大会批准，负责企业会计、审计人员的提名。

二是负责选择或推荐独立的外部会计师。

三是在外聘审计人员提供审计服务之前，明确其服务范围。

四是监督企业内部审计制度及其实施。

五是负责评价管理人员对外部和内部审计员提出的重要控制建议的反应。

六是负责年度财务报告和其他财务报表在公布前的审核。

七是负责帮助董事会其他成员更好地了解企业的会计制度、内部控制、财务报表和财务政策。

八是负责建立企业董事、独立注册会计师、内部审计师、财务总监之间的顺畅沟通渠道。

九是负责制定委员会会议制度和章程。

（三）薪酬和业绩委员会

组成：董事会成员、独立董事、监事会成员、外部专家。

核心功能：

一是根据企业发展战略提出激励与分配的主要指导思想。

二是对激励机制和分配机制的运行情况进行监控和定期评价。

三是对企业绩效管理和薪酬分配过程中出现的重大争议作出最终决定。

四是审核批准企业总经理提交的年度工资福利预算报告。

五是审核批准企业总经理提交的年度绩效指标。

六是审查批准高级管理人员的工资和福利水平。

七是高级管理人员绩效综合评价。

八是管理与工资、业绩有关的其他重要事项。

九是负责制定委员会会议制度和章程。

二、管控模式选择

子企业或二级单位的管控系统设计是组织设计中需要考虑的关键问题之一。一般来说，有三种模式，即财务控制、战略控制和运营控制。

（一）财务控制类型

总部主要关注事项：财务/资产、集团规划、监控/投资管理、并购等。

总部基本上相当于投资管理公司或风险投资公司。集团不一定关注下属业务单位的长期发展，而可能只关心业务前景的增值。它们对业务单位的主要控制是财务指标，财务指标保证了特定业务和相关财务指标的资产回报率。这种集团控制侧重于资产管理，而不是日常管理。

（二）战略控制类型

总部主要关注：战略控制、财务/资产、集团规划/SBU战略、监控/投资管理、并购、人才培训、审计、集团营销、现金管理等。

总部将以集团为整体，以整体优势抵御业务风险，赢得竞争优势。这样一个集团的总部主要集中在战略资源和运营团队的优化配置上，如财务指标的战略协调指标、管理团队的质量指标等。

（三）运营控制类型

总部主要关注事项：财务/资产、集团规划/SBU战略、监控/投资管理、并购、公关、人才培训、法律、审计、集团营销、研发、采购/物流、销售网络、人事管理等。

显然，通过这种方式，集团对企业的具体运营流程有了更深入的了解。这样的集团总部将更加集中，业务运营单位的控制将更加严格，设计的考核指标将进一步深化业务运营水平。

当然，公司总部注重不同的管控模式，这就要求企业根据自身的管理要求进行识别和设计。

三、集权与分权

在组织设计原则中，强调责任与权力的平等和权力的转移。企业在进行组织设计时，必须明确哪些权力需要集中，哪些权力需要释放。根据流程管理的思想，提出了流程审批节点的建立方法。如果审批节点的设计不合理，即权力分配不合理，就会导致权力和责任的不平等、有的部门权力大、有的部门权力小等不平衡现象。

四、组织模式选择

企业可以选择多种组织模式，包括线性组织、功能组织、矩阵组织、群体组织、混合组织、区域组织等。不同的组织模式有各自的优点，但也有许多先天的不足，它们的应用范围也不尽相同。因此，企业在选择组织模式时，应综合考虑发展阶段、企业规模、发展战略、管理控制模式等因素，选择适合企业的组织模式。

五、管理层次和管理幅度设计

本章在介绍管理水平和管理范围的概念时，介绍了两者之间的关系。在企业的组织设计中，要制作一张表格，详细规划各级管理人员和不同职业群体的管理范围，设计适合企业的管理水平。根据我们的经验，当地企业的管理水平设计可以是三级（中小企业）、四级（中小企业）、五级（集团公司或大企业），最好不要超过六级。管理范围由4~6名高级管理人员、6~10名中级管理人员、10~15名初级管理人员控制。

六、组织结构设计

这里讲的组织结构既包括企业一级结构，又包括部门结构（即二级结构），企业一级结构最好在一张图上全部表示出来，而二级结构则最好以部门为单位，独立描述。

七、管理层级划分

在进行组织设计的时候，还需要设计管理层级，上面已经提到，管理层级一般要控制在3~5层，同时为了让员工明确自己的位置及横向比较，还需要设计一张完整的层级关系图，以解决不同岗位之间的管理职位层级比较。

八、职位划分

职业分工是职业管理的基本工作之一。企业可以根据自己的实际情况对公司的所有岗位进行分类，如管理、生产、技术、营销、专业事务、辅助等，每一类岗位都需要明确定义。

管理岗位组：主管或以上。

生产岗位组：在车间从事生产相关工作的岗位。

技术岗位组：从事技术开发、规划、设备与工程等技术工作岗位。

营销类工作：从事营销、销售等工作。

专业事务组：提供人力资源、行政管理等专业事务工作。

辅助岗位组：为公司日常生产经营活动提供后期支持的岗位，如保安、司机、保洁等。

岗位组的划分将为下一步实施员工激励、员工素质考核、岗位资格考核和员工职业发展提供最基本的支持，所以岗位组的划分在组织设计过程中也显得非常重要。

九、部门使命、部门职能规划及三级职能描述

部门使命和职能定位是组织设计过程中需要考虑和解决的关键问题，部门职能的划分与企业流程设计和企业业务模式密切相关。不同的流程和不同的业务模式在企业部门的职能定位上有很大的差异。

（一）部门任务说明

部门定位就是我们通常所说的部门使命，就是用简明、全面的语言清楚地表达部门的使命和最终目标。

企业部门使命是部门全体成员共同努力、共同奋斗的方向。因此，在描述该部门的使命时，必须言简意赅，充满激情。

（二）部门职能规划

在明确部门使命之后，企业需要做的是根据使命定位分解企业的一级职能，形成各部门的职能。

（三）部门三级职能描述

在确定了各部门的任务和功能之后，为了保证组织分工的充分性，企业还需要对各部门的功能进行三级描述。在组织功能的描述中，常用的和可操作的分类方法如下：

第一，按照管理范围和权限的分类，可分为外部业务职能和内部生产管理职能。操作函数是一个全面的功能协调内部生产之间的关系，技术和经济活动的企业和外部环境，使其适应市场的需求和变化，提高企业的适应能力和操作能力，并确保长期稳定增长的经济效益。它是一个外向和决策功能。

生产管理职能是一种局限于企业内部的综合性职能，是根据既定的业务决策和计划组织企业内部活动的职能。它旨在提高生产效率，增加产量，提高质量，减少消耗。它是一种内向和执行功能。

第二，按管理层次可分为高层、中层和基层三个层次。又称管理层，高层管理职能关系到企业的全局。中层又称管理层，其职能是上层负责执行、协调和人员建议，下层负责指挥、服务和监督。

基础层也称为操作层，即企业的生产站点。中高层对产品的所有要求（产量、质量、品种、成本、交货期、安全等）都应在这个层次上实施。

第三，根据管理过程的不同阶段，可分为决策、计划、组织、协调、控制、监督、反馈等功能。

第四，根据部门管理经验，它可以分为生产管理、技术管理、供销管理、人力

资源管理、财务管理等，可以进一步划分每个类别，例如，技术类别可分为设备管理、新产品研发管理、流程管理等。

第五，根据业务工作性质，分为专业、综合、服务三种功能。专业的管理职能是负责企业生产经营活动某一方面的管理业务，如供应、运输、设备、电力、安全、基础设施等管理业务。集成管理功能贯穿于企业生产经营活动的全过程，涉及企业规划、技术、质量、人力资源、教育、财务管理等多个子系统。服务功能主要是生产后勤工作，如食堂管理、员工宿舍管理、行政管理等方面。

第六，根据企业战略任务实现过程中的重要性分类，可分为关键职能和次要职能。主要功能是实现企业战略关键任务的功能，应该根据不同的或同一企业在不同的发展阶段战略任务确定，有些可能是质量管理，有些可能是研究和发展管理、营销、供应和利用资源、降低成本、安全等。

虽然次要职能不如关键职能重要，但仍然是企业管理的基本职能和不可缺少的职能。围绕核心职能进行配置，与核心职能协调，共同保障和促进企业战略任务的实现。

第七，根据业务决策制定和实施的功能不同，可分为决策、执行和监督保障三种功能。决策功能是制定业务决策和业务计划，并将其分解为一系列管理工作和考核。它是企业的主要功能。执行功能是执行业务决策和计划，组织产品开发、制造和销售的全过程。监督保障职能一方面满足上述两种职能的要求，为其在思想政治工作、人员、资金、生活、后勤等方面提供必要的条件，另一方面也发挥监督作用。

第八，根据生产活动的直接指挥关系，可分为线性函数和员工函数。直线职能承担着直接指挥和组织日常生产活动的职责，从企业的最高层到基层管理人员的最低层，形成了垂直的、分层次的直线指挥体系。在这个线性系统中，各级直线领导对部门（直线部门）的所有工作和结果全面负责，并具有指挥权。参谋功能负责全面管理和专业管理，发挥参谋作用的直线人员在更高的层次上，指导、服务和监督在低水平直线部门和直线人员，无权直接发布命令。

第九，根据函数的属性，基本函数与派生函数存在差异。基本功能是以某一阶段（供给、生产、销售）或某一要素（人、财、物）的生产经营过程为对象的，可以是独立的系统功能，也称为层次功能。派生功能是从基本功能中分离出来的功能，如销售的基本功能，它可以派生自销售策划、广告、产品推广、维护服务等次要功能。

十、部门流程识别与优化

战略是企业经营的根本和方向，相关的组织设计和过程运作都受到战略的影响和调整。组织是战略实施和过程运作的基本平台。只有建立了相应的组织结构，才能为实施相关的战略和流程优化提供立足点。过程是战略实施和组织运作的具体载体和模式。它按照战略运作的要求，在不同的组织平台之间穿插运行，从而实现企业价值增值的过程。

　　企业在进行组织设计时，不仅要明确各部门的职能界限，更重要的是要通过跨部门流程的设计将这些孤立的职能串联起来。只有这样，各部门之间的运作才能方便协调。

第五章　企业文化建设理论与借鉴

随着改革开放的不断深入，企业文化在企业发展过程中的作用越来越重要，加强企业文化建设能够进一步促进企业健康可持续发展。近几年来，我国企业文化建设在理论与实践上都取得了显著成绩，对我国新时代中国特色社会主义建设和促进国民经济发展都起到了积极作用。在知识经济时代到来的今天，企业要想发展并在竞争中立于不败之地，必须高度重视企业文化建设，充分发挥企业文化在市场竞争中的作用。

第一节　企业文化建设理论基础与分析工具

企业文化理论形成于20世纪80年代初期。它的诞生与企业管理思想和管理实践密切相关。企业管理从经验管理发展到科学管理、行为科学再到文化管理，每一个阶段的管理观念的变革都随着人们对"人性"的认识而不断升华。企业文化越来越受到重视的根本原因在于它给企业注入了生命活力，带来了有形的和无形的、经济的和社会的效益。企业文化成了促进企业经营业绩和经济增长的有效手段和精神动力。总结企业文化建设的理论基础与分析工具是本节的主要内容。

一、企业文化建设理论基础

（一）威廉·大内的Z理论

20世纪70年代末，日本经济迅猛发展，并直接威胁着美国的霸主地位。于是，受到巨大冲击的美国派出大批专家前往日本考察，其中就包括了威廉·大内。大内选择了日、美两国的一些典型企业进行研究，研究结果表明，日本的经营管理方式一般较美国的效率更高。他因此提出，美国的企业应结合本国的特点，向日本企业的管理方式学习，形成自己的一种管理方式。他把这种管理方式归结为Z型管理方式，并对这种方式进行了理论上的概括，称为"Z理论"。

1. Z理论模式内容
威廉·大内以A型模式（即美国模式）和J型模式（即日本模式）为基础阐述了

Z型模式的基本特征。

（1）雇佣制度

在Z型模式中，对员工采取长期雇佣制。长期雇佣关系往往是由于业务复杂而造成的，这种业务通常要在实践中学习。长期雇佣制可使员工工作起来更加安心，有利于稳定雇佣关系，使企业能从长远发展出发进行大量的人力和智力投资，为企业培养优秀人才。长期雇佣制有利于企业建立稳定的文化，有了文化，就有了凝聚力，就有了企业生命。

（2）评价与晋级

Z理论主张确定一种缓慢的评价和提升制度，即经过长期的考核而逐步提升。目的是要培育职工的长期观点与协作态度，避免人才流失。对于新进公司的年轻人，在前十年应实行无差别的整批人的迅速晋升或加薪。

（3）职业发展途径

Z理论主张扩大职业发展道路，有计划地实行横向职务轮换。这种横向轮换可以提高员工的工作热情、效率和满意度，加强各职能部门之间的联系。

（4）控制方式

在Z模式中，既有明确的控制方法，也有含蓄的控制方法，明确的方法用于控制情况的了解和沟通，但重要的决策则用含蓄的方法加以控制。例如：为了控制介入某个新行业的行为，必须计算出介入后所能获得的最大利润，但是，是否应该介入这个新行业，则取决于介入这个新的行业后，能否对顾客提供真正的价值以及能否帮助雇员尽快成长。

（5）决策过程

Z理论主张群体决策，所有有关人员都参与协商，直到取得真正一致的意见。群体决策虽然耗时长，但可以集思广益，弥补个人力量的不足，较好地保证决策结果的合理性和正确性，而且照顾到多数人的意见，因此具有较好的执行性。

（6）责任制

在Z型组织中，决策可能是集体做出的，但是最终要由一个人对这个决定负责，这样可以同时兼顾个人负责与集体负责的优点，而避免二者的弊端，既有利于权责集中统一，又便于集思广益。

（7）企业关系

在Z模式中，企业与职工、雇主与雇员、雇员之间是一种整体关系。企业不仅向职工提供适当的工作，而且要努力使职工在德智体三方面得到全面的发展；不仅关心员工的工作，还关心员工的生活。人们树立牢固的整体观念，员工之间平等相待。正是在这种整体关系中，人们的亲密、信任和相互了解才会产生。

2．Z理论的要点

威廉·大内的Z理论以比较的方法，分析了企业管理与文化的关系，不仅证明以无形的信任、情感的微妙性和集体价值观为特征的日本管理模式更加适应现代管理，更能带来高的生产率；而且进一步揭示了美日管理模式差别的文化原因——日本管理模式根源于日本民族的"文化均质"，美国管理模式则根源于美国的"文化异性"。在威廉·大内看来，"一个公司的文化由其传统和风气所构成。此外，文化还包含着一个公司的价值观，如进取性、守势、灵活性——即确定活动、意见和行动模式的价值观，经理们从雇员们的事例中提炼出这种模式，并把它们传达给后代的工人"。这种对公司文化的界定包括了一整套具体的象征、仪式和神话，使得那些原本稀少而又抽象的概念开始具备了鲜活的生命力。

（二）企业文化定性研究

埃德加·沙因是企业文化研究的权威，他的主要贡献是对企业文化进行了定性研究，并提出了关于企业文化的概念和理论。沙因从现象入手，分析了企业文化存在和体现的由浅到深的三个层次，即表象、表达的价值和共同默认的假设。

首先感受到的是文化的表象，是不同企业所呈现出来的不同的风格，是清晰可见的。隐藏在表象深处的、需要深入解读的是这些表象的内涵。

为了充分了解企业的文化，必须通过访谈内部人员来深入了解企业的价值观，这就是企业表达（即宣传）的价值观，这种表达的价值观通过企业内部人员的描绘、企业的文本资料来表述。表达的价值观与表现的行为之间还会有很多不一致的地方，这是因为更深层的思维和感知推动着表象行为。因此，这就需要对更深层次的思维和感知共同默认的假设进行了解。

所谓共同默认的假设是指共同习得的价值观、理念和假设，它产生于企业成员共同学习的过程中。最初的时候，它们只是存在于创始人和领导者的头脑中，当企业成员认为这些理念、价值观和假设可以引导企业走向成功时，逐渐把它们变成共享和理所当然的，从而形成了企业共同默认的价值观。

了解了文化的三个层次，需要认识到：第一，文化稳定且难以改变，因为它是团体学习的积累；第二，文化最重要的部分基本上是无形的，因为它是企业成员所保持和认可的共享的心智模式；第三，最重要的是，文化没有是非优劣之分，关键在于要与企业努力进行的事情或其运行的环境条件结合起来考虑。

由以上分析可以看出，真正推动文化发展，决定员工行为的是共同习得和默认的假设。然而对深层次共同默认假设的理解需要通过一个包含着系统性的观察和与内部人员谈话的过程，才能帮助默契的假设显现出来。

（三）学习型组织理论

学习型组织理论是美国麻省理工学院彼得·圣吉于1990年在他的《第五项修炼——学习型组织的艺术与实践》一书中提出的管理概念。学习型组织理论已经被广泛接受并付诸实践，且深刻地影响着企业组织的发展。

学习型组织，是指通过培养弥漫于整个组织的学习气氛、充分发挥员工的创造性思维能力而建立起来的一种有机的、高度柔韧性、扁平的、符合人性的、能持续发展的组织。学习型组织不存在单一的模型，它是关于组织的概念和雇员作用的一种态度或理念，是用一种新的思维方式对组织的思考。在学习型组织中，每个人都要参与识别和解决问题，使组织能够进行不断的尝试，改善和提高它的能力。

学习型组织包括五项要素：共同愿景、团队学习、改变心智模式、自我超越、系统思考。学习型组织的文化特点主要有以下三点。

1. 是以建立共同愿景和团队为理念的企业文化

企业文化中的共同愿景可以将来自不同地方的人组成一个共同体，使组织成员产生一体感，使他们的价值观、工作和学习的目标趋于一致，能激发出人的巨大驱动力和勇气。同时，建立共同愿景的过程会使员工之间产生相互信任感，能产生远高于个人愿景所能产生的创造能力，有助于团队学习精神的形成。

2. 是一种鼓励个人学习和自我超越的企业文化

彼得·圣吉认为，个人学习是组织学习的基础，只有通过个人学习，组织学习才能成为可能。虽然个人学习并不能保证整个组织都在学习，但如果没有个人学习，组织学习就无从谈起。一个真正的学习型组织的经营理念和价值观应当引导员工认识个人学习的重要性，同时，倡导员工必须有一种自我超越的精神追求，使每个员工在这种企业文化的影响下，能全身心地投入，不断学习和超越，将学习作为真正的终身学习，持续扩展自己学习以及掌握知识的能力，成为超越自我的人。

3. 是一种强调开放创新应变的企业文化

学习型组织的企业文化应是一种开放型的文化，具有鼓励企业内部以及企业之间开放、交流和学习的特点，又具有能够快速改变和更新知识的能力是学习型组织企业文化的特点。同时要树立"向学习要未来""向培训要未来"的新理念，让员工懂得必须学习、学习什么、如何学习等这样一些问题，时时处处学习，终身接受教育；要树立"创新性学习"的理念，学习重在创新，学后要有新的行为。

（四）企业文化方格论

20世纪80年代，企业文化理论传入我国。国内学者首先从实证方法的角度，注重对企业文化的内涵、作用、有中国特色的企业文化的建设途径、跨文化、企业文化的变革以及从不同的层面和角度对人本管理等方面进行了研究。除了大量的经验研究外，我国学者在对国外理论模型的分析、借鉴和比较的基础上，也从方法论上提出了符合我国特殊情况的量化分析模型。我国著名企业文化专家王成荣教授在2007年的《中外企业文化》中发表《企业方格论——"人本化"与"市场化"相互推动》一文，提出了企业文化方格论。

1. 企业文化方格论的内容

企业文化作为一种微观文化现象，其核心价值观是企业的灵魂，是企业生命的基因。这种灵魂基因不仅有"人本化"内涵，也有"市场化"内涵；企业文化的优劣，不仅决定着企业的管理方式和风格，而且决定着企业的经营方式和风格，对企业经营管理活动起全方位的决定作用。既然企业文化具有"人本化"和"市场化"两大属性，则可构成分析企业文化类型和状态的基本支点。据此，王成荣借助美国得克萨斯大学教授罗伯特·布莱克和简·莫顿1964年提出的管理方格理论的原理，从企业文化建设"两点论"出发，成功建构了一个"企业文化方格矩阵"。

王成荣认为，企业文化的先进性与有效性，集中体现在"人本化"和"市场化"强度上。"人本化文化"和"市场化文化"不同强度的结合，能够形成多种类型的企业文化模式。这里所说的"人本化"，指企业对经营中涉及的所有人的需求、价值实现和发展的一种态度和理念。这种态度和理念，驱使着企业关心员工的报酬与工作环境、人际交往与自尊、精神需要与个人价值等，也驱使着企业关心顾客及相关社会公众的价值与满意度等。这里所说的"市场化"，指企业对市场及竞争的一种态度和理念。这种态度和理念，驱使着企业关注市场需求与发展变化，关注产品与服务创新，关注经营效率与效益等。任何一个企业都会涉及这两个文化维度的发展方向和发展强度。有的企业偏重于"人本化"，有的企业偏重于"市场化"，有的则兼顾二者。在发展强度上，由低到高也有相应的差别。根据不同的发展方向和发展强度，即可以建立一个坐标体系——企业文化方格矩阵，作为研究企业文化模式的工具。

企业文化方格矩阵的横坐标表示"市场化文化强度"，纵坐标表示"人本化文化强度"。按照不同强度各分为9个档次，1为最低，9为最高，纵横交错，共构成具有81个方格的矩阵。

2．企业方格的实际应用

建立理想型的企业文化模式，避免企业文化的畸形发展，必须把"人本化"与"市场化"的文化建设结合起来，实现二者的结合和互动发展，以下三点是必须坚持并付诸实践的。

第一，企业具有双重属性，首先具有经济属性，追逐盈利；同时企业也是一个生命，具有社会属性，追求生命存在的社会价值与意义。企业经营的目的是获取双重的回报，既获得财富，又满足人的需要，培养人，实现人的价值，促进人的发展。后者是终极目的，财富只是过程与手段。

第二，企业的"人本化"价值观，是建立在大写的"人"的基础上的。狭隘的"人本化"，单纯强调以员工为本，可能有损顾客和社会利益；片面强调以顾客和外部公众为本，可能直接或间接有损员工的利益。只有把二者统一起来，才是完整意义上的"人本化"。

第三，在当代，"市场化"是实现人的价值的最好途径。通过市场创新和市场竞争，为顾客提供最好的产品与服务，为社会创造最好的环境，实现顾客与社会价值的最大化；通过建立人才招聘与竞争的市场机制，激发员工的创造性，提高员工的素质，最大限度地实现员工的价值。

二、企业文化建设分析工具

掌握好企业文化基础理论知识与常用的诊断分析工具，是企业文化实践者成功有效地构建和运行企业文化建设体系的前提。企业文化建设实践者不可忽略的是常用的诊断分析工具，具体包括企业文化建设四层次结构模型、奎因企业文化导向诊断分析模型、丹尼森组织文化分析模型、麦肯锡7S模型、"4+2"管理法则等。

（一）企业文化建设四层次结构模型

企业文化建设四层次结构模型，是基于企业文化四层次内容构成而提出的，与后者内容完全一致，只是在应用过程中更加突出了企业文化建设的具体实施内容。该模型不同于传统意义上的企业文化四层次理论模型（即精神层、制度层、行为层、物质层），而是将物质层调整为形象层，并在原来物质层内容的基础上添加品牌内涵、社会形象等元素，从而使企业文化四层次结构理论显得更加丰富、完善且贴切新时期企业发展的实际需求。从企业文化建设的角度，人们又可以从四个层面将其依次理解为"内化于心、固化于制、实化于行、外化于行"的过程。

1．精神层（内化于心）

即企业文化的精神内核，是企业文化建设一切活动的源泉，包括价值理念体系，即使命、愿景、企业精神、核心价值观、具体的经营理念和管理理念。

2．制度层（固化于制）

即企业文化核心理念通过"制度化"融入管理的重要载体，是员工践行企业文化以及树立企业形象的重要保障，包括企业的各项管理规章制度、规范与流程。

3．行为层（实化于行）

即员工践行企业文化理念的具体言行表现，包括员工行为规范与员工的思维方式、行为习惯等，还包括企业风俗、仪式活动等。

4．形象层（外化于行）

即企业通过视觉设计、产品和服务（形象）、文化传播网络、社会责任等物质与行为向企业内外传播和树立的社会形象，包括企业VI、英雄人物、象征物、产品和服务、文化传播网络、品牌形象、利益相关者关系与社会形象等。

（二）奎因企业文化导向诊断分析模型

奎因企业文化导向诊断分析模型将企业文化从内在—外在、控制—灵活两个维度，分为团队支持、灵活变革、市场绩效和层级规范四种导向。通常来讲，团队支持型文化更注重授权、沟通和以人为本；灵活变革型文化更注重反应速度、客户意识、变革意识；市场绩效型文化更注重市场竞争意识、风险意识和绩效导向；层级规范型文化则是注重集权、等级和规范。

（三）丹尼森组织文化分析模型

丹尼森组织文化分析模型是衡量组织文化最有效、最实用的模型之一。该模型是由瑞士洛桑国际管理学院（IMD）的著名教授丹尼尔·丹尼森创建的。丹尼森在对大量的公司进行研究后，总结出组织文化的四个特征：参与性、一致性、适应性与使命。

第一，参与性。参与性涉及员工的工作能力、主人翁精神和责任感的培养。组织在这一文化特征上的得分，反映了组织对培养员工、与员工进行沟通，以及使员工参与并承担工作的重视程度。

第二，一致性。一致性用以衡量组织是否拥有强大且富有凝聚力的内部文化。

第三，适应性。适应性主要是指组织对外部环境（包括客户和市场）中的各种信号迅速作出反应的能力。

第四，使命。使命用于判断组织是一味注重眼前利益，还是着眼于制订系统的战略行动计划。

上述四个特征中，每个都涵盖三个维度，12个维度又分别对市场份额和销售额的增长、产品和服务的创新、资产收益率、投资回报率和销售回报率等业绩指标产生重要的影响。

（四）麦肯锡7S模型

麦肯锡7S模型，简称7S模型，是麦肯锡咨询公司研究中心设计的企业组织七要素，指出了企业在发展过程中必须全面考虑各方面的情况，包括结构、制度、风格、人员、技能、战略、共同价值观。在模型中，战略、结构和制度被认为是企业成功的"硬件"，风格、人员、技能和共同价值观被认为是企业成功经营的"软件"，而代表"软件"的共同价值观、风格等要素都与企业文化紧密相关，这也足以表明企业文化在该模型中占据重要地位。该模型也是组织绩效与企业战略相适应的重要评价与分析工具之一。

7S模型七要素说明如下：

第一，战略：获取和分配有限资源并实现企业持续成长的总体谋划，即对企业发展目标、途径和手段的总体规划。

第二，结构：适应企业战略的组织构成方式，即目标、协同、人员、岗位、相互关系、信息等组织要素的有效排列组合方式。

第三，制度/系统：与企业精神、战略思想保持高度一致的制度体系，包括各项管理规章制度与流程。

第四，风格：企业长期以来形成的独特管理风格，通常是指企业管理队伍所表现出来的管理方式与行为特征。

第五，人员：支撑战略的人力资本，即企业内部人员的配置、培养等情况。

第六，技能：组织所具备的技能与特长，这与企业关键人物及全体员工的技能水平息息相关。

第七，共同价值观：企业长期以来所形成且被全体员工共同认同的愿景、使命、企业精神以及核心价值观。

其中，战略、结构和系统是"硬"要素，风格、人员、技能和共同价值观是"软"要素。最高目标——"共同价值观"处于模型的中心地位，充分发挥了企业文化的导向、约束、凝聚、激励及辐射作用，把其他六个要素合成一个整体，是决定企业命运的关键要素。

（五）"4+2"管理法则

威廉·乔伊斯、尼廷·诺里亚和布鲁斯·罗伯逊三位管理咨询专家曾经组织了一项名为"常青树项目"的开拓性研究，对160家公司11年间200多种管理实践进行分析，并从中探寻成功企业的管理定律。结果发现，大多数管理实践与业绩无关，企业只要在战略、文化、执行力、组织结构这4项首要管理实践上表现卓越，并做好人才、领导力、创新、兼并与合作这4项次要管理实践中的任意两项，便能成功在握、基业长青，故称之为"4+2"管理法则。其中，"文化"属于4项首要管理实践要素之一，可见，优秀的企业文化是企业成功的必备条件。

1．首要管理实践4要素

战略方面：制定和保持界定明确、沟通充分、重点突出的战略比制定何种战略更重要。

执行方面：搞清楚如何执行与执行什么同样重要。

文化方面：创造一个鼓励高绩效、高标准的氛围比营造一个快乐的工作环境更重要。

组织结构方面：不管按何种形式来架构组织，关键的是要能精简工作、减少官僚主义。

2．次要管理实践4要素

人才方面：成功企业不仅设法留住人才，而且创造环境培养人才。

创新方面：领先企业对那些能够推动行业变革的突破性创新孜孜以求。

领导方面：首席执行官是否能和员工建立良好的关系、能否及时发现机遇和问题所在，都和公司的命运息息相关。

兼并方面：不管并购的动机是什么，成功企业都不会贸然进入和自己的核心业务相距甚远的领域，它们通过一套高效的运作体系来发展优势互补的新业务，推动公司的成长。

第二节 国外企业文化建设的经验借鉴

国外企业文化建设的成功之处在于国外优秀企业都非常重视构筑企业文化，通过企业文化的渗透作用实现以人为本的柔性管理，达到企业持续发展的目标。由于各国国情不同、文化背景和意识形态的差异，各国企业的企业文化在表现形式上有所差异，但通过比较又会发现，这种外在差异的背后存在着许多共性。人们应充分吸取外国企业文化的精华，逐步建立有中国特色、有企业特点的企业文化理论体系。

一、美国企业文化

美国著名的麦肯锡顾问公司的主要顾问彼得斯和经理沃特曼合著的《追求卓越——美国八大名牌企业成功秘诀》一书中提到八项原则：行动神速；顾客至上；支持创新；尊重员工；重视价值观；不离开本行；精兵简政；宽严并举。美国杰出企业在任何情况下都坚持这八项原则，因而这八项原则的影响随处可见。其实这八项原则正是美国企业文化的进一步提炼，美国作为世界头号经济强国是十分重视企业文化构建的，这是其经济能迅速发展的重要原因之一。美国的企业文化具有以下特征。

（一）重视、尊重员工的个人才能

许多成功的美国企业都把面向人、尊重人、关心人放在首位，把它看作企业成功的关键。美国著名的苹果计算机公司认为，要开发每个人智力中闪光点的资源，树立"人人参与""群言堂"的企业文化，使该公司不断开发出具有轰动效应的新产品。强力便携式苹果机就是其中之一。美国最大的电子计算机公司IBM之所以能在激烈的竞争中不断取得成功，一个最重要的原因是贯彻了这一经营哲学。尊重人、信任人是IBM的第一宗旨。公司高层认为只有尊重员工、信任员工，充分发挥他们的聪明才智，才能使他们竭尽全力为公司服务，保证公司不断走向胜利。

从企业决策方式看，在美国企业中，过去管理者只考虑个人意见，很少征求同僚或下属的看法。这种决策方式有其果断、快速、高效的优点，但往往出现上下不协调、政策无法贯彻的缺憾。在日本企业集体决策的启发下，不少美国企业家逐步认识到，这种独断的决策方式容易造成个人独裁、领导与工人缺乏感情交流以及员工与企业主的对立。于是，他们改变决策方式，重视员工的民主参与，把个人决策与发挥广大员工的积极性结合起来。

从老板与员工的关系看，一些成功的美国企业，一改昔日单纯追求利润的做法，把关心员工生活、改善劳动条件、与下属平等相处放在重要地位。为了培训员工，IBM每年投入6亿美元，为了解决员工后顾之忧，他们还为员工修建了食堂、学校等服务部门。而且，美国许多企业实行股份制。通过员工持股，使其除工资收入外还能分到红利。此外，还增加了员工参与经营管理的权利，提高了他们的身份、地位和安全感。美国最大的连锁店沃尔玛公司、"旅店帝国"希尔顿公司，还将一部分股份作为工资或福利分给员工。惠普公司等还通过增加员工的福利，让员工共享公司成果。

（二）提倡制度合理化的管理哲学

美国企业提倡科学性和合理性，重视组织机构和规章制度的作用。美国企业继承了泰勒的科学管理思想，比较注重确定严密的组织系统、合理的管理程序、明确的职责分工、严格的工作标准、科学的规章制度、先进的管理手段和管理方法，即美国企业比较重视硬性管理。美国哈佛商学院150多年的教学经验，编制了大到企业经营方针制定、小到下脚料处理的与企业管理有关的所有制度。

但是，过分强调制度、量化的刚性管理模式，容易造成人与人之间关系的冷漠，形成单纯契约关系；它使企业管理者目光短浅、见物不见人，只注意经济指标，忽视企业的思想文化建设；它使企业与社会脱离，企业变成单纯赢利的场所。因此，在20世纪80年代的企业文化建设中，美国许多成功的企业认识到单纯依靠制度管理的弊端，把企业文化建设放在十分重要的地位。不管是历史悠久的老企业，还是在硅谷和波士顿128号公路上的新兴高科技公司，企业文化的重要性已成为它们的共识。麦道公司总裁就说过："作为公司最高统帅，我的唯一任务就是重塑本公司文化。"IBM高层则认为一个大的组织能够长久生存，最重要的条件并非结构形式或管理技能，而是"称之为信念的那种精神力量"。

（三）坚持质量第一、顾客至上

近年来，美国一些成功的大企业把企业看作社会的有机组成部分，是社会财富的创造者、群众美好生活的服务者；企业不仅要注重经济效益，还要重视社会效益。这方面IBM是个典型，它的经营哲学有三条：第一，必须尊重每一个员工；第二，必须为用户提供尽可能好的服务；第三，必须寻求最优秀的成绩。在这三条中，人们几乎看不到功利主义色彩，强调的是尊重、服务和优秀。例如，福特公司在美国设立了24小时服务的免费热线电话，还建立了标准的服务体系，从客户买汽车时进行联系到把汽车卖给用户、甚至到售后服务都融为一体。此外，福特公司还制订培训计划，提高服务人员的维修水平；一些部门通过卫星系统接受来自福特公司本部通信网的指示进行维修服务。

值得一提的是，在美国，政府一直努力要求企业重视社会效益，鼓励企业提高产品质量，保护消费者利益，依法严惩造假者。早在20世纪60年代初，美国总统肯尼迪就发出《总统关于保护消费者的特别咨文》，提出了著名的消费者"四大权利"，即安全权、知情权、意见权、选择权，要求企业给予保护。1987年，美国政府开始设立"国家质量奖"，对如何评奖有具体的规定，具体实施工作由政府授权的美国标准技术研究院负责。该院对评奖标准从加强现场质量控制、售后服务和用户满意度等方面进行了修订，使评奖条件处于发展状态中，以引导企业迈向更高目标。每年评奖都邀请多年从事企业质量管理工作并在社会上享有很高声誉的专家担任评审人员，总统亲自为获奖企业授予奖杯和证书，并在政府组织的"质量月"大会上向全国发布，以引起更广泛的重视。

与奖励相对应的是严厉的惩罚。在美国，无论何种产品，一旦因质量缺陷给消费者造成伤害或其他财产损失，法律将给予严惩，其赔偿数额之大十分惊人，使生产商、经销商真正受到重罚甚至倾家荡产。

（四）具有强烈的创新和竞争意识

竞争出效益，竞争出成果，竞争出人才。但竞争的目的不在于消灭对手，而在于参与竞争的各方更加努力工作。在美国企业，顽强的创新精神和激烈的竞争机制随处可见，这是美国人勇于冒险、敢于创新、乐于竞争的民族性格在企业文化中的反映。美国企业家总是在寻找新机会，探索新的管理方法。可以说，美国企业文化是"创新型文化""竞争型文化"。在求新、求变的精神鼓舞下，许多成功的企业引进市场法则，建立了激励机制、竞争机制和风险机制，并以此为动力推动企业不断发展。像通用汽车公司、IBM、明尼苏达州矿业和制造公司等成功的企业都有意在企业中创造竞争的环境和机会，让员工们进行竞争，施展自己的才能。许多公司建立了强有力的支持竞争的系统，鼓励人们冒尖。在这方面，风险资本起到十分重要的作用。早在1910年，美国就建立了第一家风险投资公司，20世纪六七十年代以后更是大量涌现，目前已有四五千家。1978年以前，风险资本只有35亿美元，20世纪90年代初已达200亿美元以上。在美国，许多高科技企业之所以能居市场领先地位，风险资本起了重要作用。许多经营高精尖产品的高科技企业，如加州的硅谷、波士顿128号公路和北卡罗来纳三角科学园区的许多公司，几乎都是靠风险资本建立和发展起来的。仅硅谷就集中了60亿美元的风险资本。

惠普公司原董事长兼CEO卢·普拉特说："过去的辉煌只属于过去而非将来。"比尔·盖茨也反复向员工强调微软离破产永远只有"18个月""淘汰自己，否则竞争将淘汰我们"。杰克·韦尔奇在通用电气公司实行"末日管理"，启用大胆改革与创新的管理人员，免去那些循规蹈矩的高级职员等。这种强烈的忧患意识和危机理念赋予美国企业一种创新的紧迫感和敏锐性，使企业始终保持着旺盛的创新能力。

被公认为美国"最具创新精神企业"的3M公司的创新理念是"创新=新思想+能够带来改进或创造利润的行动"。在该公司，创新不只是一种新思想、新技术，而是一种得以实行并产生实际效果的思想或技术。为此，公司制定了每年销售额至少有30%来自过去四年所发明的新产品的经营管理体系，把企业的创新行为定位在对市场需求的满足和引导上。技术创新的实质就是满足客户的需求，就是创造有价值的订单，就是客户满意度的最大化。通用汽车公司曾连续多年名列世界500强榜首。

该公司的7项经营准则是：永不停止地追求完美；通过适度系统降低成本；发挥所有人的潜力；建立相互信任的关系；发挥小组的作用；像对待经理一样对待每一位员工；为所有员工提供稳定的生活保障。

除此之外，美国企业还十分重视为员工提供公平的竞争环境和竞争规则，充分调动其积极性，发挥他们的才能。如IBM公司对员工的评价是以其贡献来衡量，提倡高效率和卓越精神，鼓励所有管理人员成为计算机应用技术专家。福特汽车公司在提升干部时，凭业绩取人，严格按照"贵以授爵，能以授职"的原则行事。福特公司前总裁亨利·福特说："最高职位是不能遗传的，只能靠自己去争取。"

正是这种强烈的求新、求变精神和激烈的竞争机制，使美国许多企业家脱颖而出，创造出了难以计数的"世界第一"。这就是美国创新文化长期熏陶的结果。如亨利·福特首创世界第一条大规模生产流水作业线，泰勒最早创建"科学管理"原理，德鲁克最先提出"目标管理制度"，通用汽车公司的艾尔弗雷德·斯隆首开现代公司管理制的先河，创造了高度集中下的分权制。近年来西方世界企业文化热如大潮涌起，美国走在这一潮流的最前面。可以说，激烈的竞争和不断地创新是美国许多成功企业保持活力的力量源泉。在当前全球竞争空前激烈和不断变革的时代，这一精神尤为重要。

二、欧洲企业文化

在此以德国为典型范例来探讨欧洲企业文化的内容。追求民主自由、倡导人文主义的文化传统使德国企业文化重视员工的参与管理。强调科学与理性的文化传统使德国企业文化重视理性管理、重视研究开发和创新，具有着眼于世界市场的战略眼光。这两方面的结合，形成了德国企业冷静、理智和近乎保守的认真、刻板、规则的文化传统。德国企业文化明显区别于美国以自由、个性、追求多样性、勇于冒险为特征的企业文化，也区别于日本企业强调团体精神在市场中取胜的企业文化。具体包括以下几个方面。

（一）注重提高员工素质

德国企业文化十分强调以人为本、提高员工素质，这主要体现在注重员工教育、大力开发人力资源上。

德国是世界上把职业培训教育做得最好的国家之一，其法律对职业培训有三项规定：一是带职到高等学校学习；二是企业内部进修；三是由劳动总署组织并付费的专项职业技能培训。第三项主要是针对失业人员。在德国，要想找到一份工作，除了必备的文凭外，没有经过三年专业职业教育是不可能的。即便是一个传统经营农业生产的家庭，如果其子女没有经过专业农业训练教育，也不可能继承家业来从事农业生产。除了成年人在上岗前必须经过专业培训外，就是对口学校毕业出来的高中学生，被企业录为学徒，也必须先进行三年的双轨制教育培训：每周三天半到四天在企业学习实际操作技巧，一到两天去职业学校学习理论知识——这三年的培训费用和学徒工资全部由企业负担。德国企业普遍重视员工的培训，例如，大众公司在世界各地建立起许多培训点，主要进行两方面的培训：一是使新进公司的人员成为熟练技工；二是使在岗熟练技工紧跟世界先进技术，不断提高知识技能。西门子公司在提高人的素质方面更为细致，他们一贯奉行的是"人的力量是可以通过教育和不断培训而提高的"，因此他们坚持"自己培养和造就人才"。

德国企业在管理人才选拔与培养方面也颇具特色。大众汽车公司除了最高决策层之外，拥有各方面的管理人才。他们以高薪吸纳了大批优秀管理人才和科研专家，并为其发挥才能提供广阔的空间，使他们产生一种自豪感、凝聚力和向心力。西门子公司也特别重视对管理人才的选拔和录用。他们聘用的管理者必须具备以下四个条件：一是具有较强工作能力，特别是冲破障碍的能力；二是具有不屈不挠的精神和坚强的意志；三是具有老练的性格，能使部下信赖，富有人情味；四是具有与他人协作的能力。戴姆勒·克莱斯勒公司认为"财富=人才+知识""人才就是资本，知识就是财富。知识是人才的内涵，是企业的无形财富；人才则是知识的载体，是企业无法估量的资本"。所以，戴姆勒·克莱斯勒公司有一种好的传统，即选拔人才并不注重其社会地位的高低，而是注重本人的实际能力。

（二）强调责任感，注重合作

德国企业文化体现出企业员工具有很强的责任感。这种责任感包括家庭责任、工作责任和社会责任，他们就是带着这样的责任感去对待自己周围的事物。企业对员工强调的主要是工作责任，尤其是每一个人对所处的工作岗位或生产环节的责任。

事实上，这种责任感的形成取决于德国企业的管理民主化。由于德国企业员工队伍的整体素质十分优良，这就为职工参与企业管理奠定了坚实的基础。德国《职工参与管理法》明确规定，大型企业要按对等原则由劳资双方共同组成监事会，然后再挑选一位中立人士担任主席。《企业法》规定，凡职工在5人以上的企业，都要成立职工委员会，由全厂职工选举产生，每3年改选一次，职工委员会人数的多少由企业人数多少决定。支委会的主要任务是在工资、福利、安全、劳动时间、劳动条件、合理化建议等方面维护职工利益，资方在涉及职工前述利益等重大问题作出决定前，必须征得支委会同意。这种由劳资双方共同治理企业的方法优点和益处很多：一是这种决策方式能更多地考虑企业的长期发展，避免短期行为。二是劳资关系融洽，减少了工人与管理层之间的矛盾和冲突。三是劳动生产率大大提高。1995—1999年期间，德国实行职工参与管理的企业，每个工人的产值每年提高了8%，而美国企业的每个职工每年的产值只增长了3%～5%。四是企业内部的控制力度比较大，形成了比较健全稳定的内部制衡机制。五是能较为充分地反映和体现职工利益，如职工的劳动条件、薪酬待遇等问题能够通过劳资共同协商得到改善和提高。

德国企业十分注重人际关系，努力创造和谐、合作的文化氛围。例如，1994年受世界石油危机影响，大众公司在德国本土的公司经济面临困难，需要解雇两万多名员工。然而，公司的员工在参与企业决策时却表示：宁愿减少自己收入的20%，把每周工作5天改为4天，也不要让那些人失业。同类的事情，当大众公司在巴西的分公司也试图这样做时，却被巴西员工拒绝了。

德国企业十分重视企业兼并重组过程中的文化整合。为解决企业兼并重组中的企业文化冲突，保持和谐的文化氛围，保证企业兼并重组目标的实现，他们在公司并购、重组时，十分注重企业文化的融洽。如德国戴姆勒奔驰公司与美国克莱斯勒公司合并后，为解决两国企业在文化上的差异和冲突，成立了专门委员会，制订了3年的工作计划，通过加强员工之间的联系与沟通，进行文化整合。

（三）精益求精，注重诚信

德国企业非常重视产品质量，强烈的质量意识已成为企业文化的核心内容，深深植根于广大员工心中。大众公司在员工中树立了严格的质量意识，强调对员工进行职业道德熏陶，在企业中树立精益求精的质量理念。西门子公司以"以新取胜，以质取胜"为理念，使之立于不败之地。就注重产品质量而言，戴姆勒·克莱斯勒公司非常有代表性：第一，他们认为高质量意识与员工的高素质是分不开的，十分注重培养具有专门技能和知识的员工队伍，千方百计提高员工的质量意识；第二，具有精工细作、一丝不苟、严肃认真的工作态度，这种态度几乎到了吹毛求疵的地步；第三，把好质量关，严格检查制度，做到层层把关，严格检查。

通过培训、考察发现，重视产品质量，追求技术上的完美是德国企业一种普遍的自觉意识。德国人爱好技术、钻研技术、崇尚技术的价值观已深入人心，成为一种自觉的行为。德国企业重视客户，注重诚信合作，树立创一流服务的企业精神，给人们留下了深刻印象。如高依托夫公司提出："对于客户提出的要求，人们没有'不行'两个字。"

（四）注重实效，树立良好企业形象

德国企业文化建设特别注重围绕企业的具体实际进行，德国企业非常注重实际，它们以精湛的技术、务实的态度和忠诚的敬业精神进行经营。它们将企业文化建设融入企业管理，注重实际内容，不拘泥于具体形式，说的少而做得多。除此之外，德国企业还特别重视有效的形象宣传，那些在德国乃至世界各地树立起来的"奔驰""大众""西门子"等具有国际竞争力和时代气息的德国跨国集团的品牌标识已经成为企业实力的象征。

总之，德国企业文化是规范、和谐和负责的文化。所说规范就是依法治理，在培训中使员工树立遵纪守法意识和掌握法律条文，从一点一滴做起，杜绝随意性和灵活性。和谐就是管理体制的顺畅，人际关系的和谐。负责就是一种企业与职工双方互有的责任心，即职工对企业负责任，企业对职工也要负责任，企业与员工共同

对社会负责。

三、日本企业文化

日本的企业文化深受儒家文化的影响，近代又吸收欧美文化的精华。20世纪70年代中后期，世界经济史上最震撼人心的事件莫过于日本经济的迅速崛起。一个资源匮乏的国家，在经历了第二次世界大战的惨重失败之后，却出人意料地在短短不到30年时间内异军突起，一跃成为世界经济强国之一。战后日本经济的高速发展和企业经营的成功，与其企业文化的建立和发展息息相关。日本企业文化的表现形式多样，如"经营原则""社风""社训"等。其内容主要有以下几点。

（一）强调以和为贵

日本自称大和民族，"和魂"就是指日本的民族精神。"和魂"实际上是以儒家思想为代表的中国传统文化的产物。中国儒家文化的实质是人伦文化、家族文化，提倡仁、义、礼、智、信、忠、孝、和、爱的思想，归纳起来就是重视思想统治，讲究伦理道德。日本企业家在经营管理中提倡从业人员应忠于企业，提倡劳资一家、和谐一致、相安而处、共存共荣。从强调人际和谐入手，以稳定劳资关系"和为贵"的思想是日本企业文化的核心。同时，他们又从中国的《孙子兵法》《三国演义》等经典名著中吸取了大量精华，把军事谋略移植到日本企业和经营竞争之中，获得了很大的成功。

日本企业领导人和管理人员从各方面关心员工的福利和家庭生活，员工也以企业为家，用高质量和高效率的工作来报答企业。在企业内部，人们以处理"家庭关系"的宽容心理来处理相互之间的关系，形成互相帮助的人际环境。

日本人对外来文化有很强的吸收和消化能力。战后日本企业引进、吸收、消化了大量的欧美先进技术，同时又在此基础上用嫁接、模仿、改进的方法创造了大量具有竞争力的新产品，创造了远比其他资本主义国家大得多的资本增值。

（二）倡导团队精神

日本民族文化中的家族主义观念在企业文化中普遍表现为"团队精神"。一种为群众牺牲个人的意识。许多日本企业家认为，企业不仅是一种获得利润的经济实体，而且是满足企业成员广泛需求的场所。因此，日本的企业管理十分强调员工对企业要有强烈的荣誉感和认同感，要与企业共存共荣。日本企业一般采用终身雇用制，使员工有职业保障的安全感。在工资晋升上实行年功序列制，把员工的收入与其对企业服务的年限挂钩。此外还提供廉价公寓、减免医疗费、发放红利等全面福利，从物质利益上诱使员工对企业"从一而终"。这就强化了员工对公司的家庭般的归属感，使他们把自己对工作、事业的追求，甚至精神的寄托都纳入以企业为中心的轨道。同时，日本企业还特别强调献身精神、报恩精神，要求员工，尤其是管理人员要把自己的命运与企业的事业融为一体。

（三）与员工结成利益共同体

日本企业在进行利益分配时，将大部分利益留给企业，以保证企业进行设备更新和产品开发。但随着企业的发展，员工的福利和保障条件也随之升高。日本企业非常重视员工的职业培训和技能教育。日本"以人为本"的管理思想是有三项重要制度作为保障的，即终身雇用制、年功序列制和企业工会。

所谓终身雇用制，是指日本企业一般不会轻易解雇员工，使员工有职业安全感，更重要的是使员工产生成果共享、风险共担的心理。这种制度与日本法律无关，而是日本企业的历史传统。

年功序列制，是指把员工的收入与其在企业工作的时间挂起钩来，晋升工资主要凭年资，相应的职务晋升也主要凭年资。资历深、工龄长的员工晋升的机会较多，保证相当部分员工在退休前都可升到中层位置。这种制度论资排辈，员工服务时间长短和对企业的忠诚程度比工作能力更重要。加上提供廉价公寓、减免医疗费、发放红利等全面福利，从物质利益上诱使员工对企业"从一而终"，从而限制了员工的"跳槽"现象。

企业工会，是指工会的组织不是按工种或职业的不同来组织，而是按企业来组织，一个企业的员工都在一个工会里，而同其他企业的工会没有什么密切的联系。这样，把劳资关系改造为家族成员的内部关系，劳资之间的冲突和交涉只限于企业内部。

无论是终身雇用制、年功序列制，还是企业工会，日本企业经营模式的这三大支柱都紧紧围绕着"人"这个中心，三者互相联系、密切配合，从不同侧面来调整企业的生产关系，缓和劳资矛盾。正是这些形成了命运共同体的格局，实现了劳资和谐，推动着企业经营管理的改善和提高。日本企业家认为"人才开发的利益大得无穷""企业教育训练投资的投入产出利益最大，是最合算的投资""只有人才才是企业活力之源"。日本企业通过教育提高员工素质，支持"经营即教育"的思想，不断发展和巩固企业文化。日本企业进行员工教育培养主要从满足员工自我成就的需要出发，竭力使员工在受教育中增长才干，不断创造新的成就，使员工感到企业是自己实现理想的场所，自觉地激发出为企业尽忠效力的内在动力。

而且，日本企业重视员工的合理化建议。日本丰田汽车公司到处都挂有"好主意，好产品"的标语牌。1968—1976年，通过"提合理化建议"活动，获得员工的各项合理化建议达46万条。在总公司设立"创造发明委员会"，各部门、各厂设立"合理化建议委员会"，各工作现场自发形成各类"创造发明小组"。公司在各处设立合理化建议箱，分三级审查员工建议，有重大发明者，总经理发重奖给予表彰。未经采用的建议，也发给一定数额的鼓励奖。因为合理化建议，使"皇冠"按原计划降低成本1万日元，实际每辆车节约了1.2万日元，仅此一项，一年就可节约100多亿日元。

当然，日本的企业文化尤其是家族主义传统和团队主义精神也有压制个人、妨碍竞争、妨碍自由发展、不利于发挥个人能力的不良作用。近年来，越来越多的日本青年不满于现行制度和传统，尤其对年功序列工资制和论资排辈的晋升制度不满。但是，日本"团队文化"等企业文化来源于日本民族文化，对促进生产力发挥着重要作用，是不会被轻易否定的。

四、中西方企业文化上的差异比较

文化的不同最终决定了中西方企业文化之间存在较大的差异，这些差异主要表现在以下几个方面。

（一）权力距离方面的差异

我国企业高层与中低层经理人员之间的权力距离，通常显著大于西欧企业。我国企业的高层经理人员拥有比他们的西方同事更大和更广泛的权力，而低层经理人员得到的授权则远远小于西方的同等级人士。我国的企业领导人更侧重于"集权"，而西方则倾向于"授权"与"分权"，这种差异也部分反映在各级经理人员的薪酬等级结构上。据统计，在西欧的企业中，高级经理人员年薪通常是初级经理人员的2.6倍左右，而在我国则高达5倍左右。除此之外，企业领导人的"灰色收入"较多，权力越大，"设租"的领域就越广，这样一来，我国企业领导人的实际年薪与一般员工的年薪比要远远高于西方国家。

（二）思维方式上的差异

一般认为，围棋逻辑与象棋逻辑的区别极富有表现力地刻画出中西方人士在思维上的差别。围棋逻辑重在构筑包围圈，尽可能多地扩展地盘；象棋逻辑则重在挑战主帅，"将军"制胜。我国的企业文化是"围棋文化"，在管理中注重"情"，通过各种各样的"情"，培育一批亲信，占领企业的核心部门，而西方的企业文化是"象棋文化"，在管理中注重"法"，不同部门的领导人在公平环境下相互竞争，形成"能者上，庸者让，弱者下"的竞争氛围。

（三）领导人与员工的关系方面的差异

在西方企业领导人好比"虎"，员工比作"羊"，在"虎"的带领下，最后"羊"都变成了"虎"，企业作为锻炼自身、提高自己的好场所，员工自然对企业忠诚。而在我国，企业领导人与员工往往注重亲密关系，喜欢形成小的利益团体，导致企业中出现了不同的小团体，各团体之间相互竞争，不仅员工得不到很好的发展，企业也缺乏活力。

　　当然，在人员的沟通、企业家的精神、企业的内部组织结构等方面中西方都存在差异，这都在企业文化的差异方面有所表现。企业文化作为一种"软管理"，在当今企业发展过程中的地位日益重要，理解不同文化之间的差异将有利于企业之间更有效地合作和发展。

第六章 企业人力资源建设

第一节 经营管理人才建设

一、加强经营管理人才队伍建设理论概述

管理是通过对组织资源的有效配置来实现组织目标的过程。管理人员是过程管理行为的主体部分，具有适当的职权和责任，具有一定的管理能力，从事着各种各样的工作。人的管理活动，管理者通过在企业中作出决策、分配资源、指导和协调管理者的行为等活动，促进和保障企业目标的实现，在管理中，管理者和管理技能起着重要的作用。

（一）经营管理人员的界定与层级划分

1. 经营管理者的界定

首先，企业管理者是具有一定职位和相应权力的人。管理者的权威是管理者从事管理活动的资格。经理的职位越高，他们的权力就越大。企业必须赋予管理者一定的权力。经理没有相应的职权，就不能进行管理工作。韦伯的行政组织理论官僚模式认为，管理者有三种权力：一种是传统权力，它来源于传统习俗或世袭规则，如皇权世袭制度。二是超越的力量，它是建立在过去的权威基础上，来自对他人的崇拜和追随。这是情绪化的，有时是非理性的。第三种是法律权力，即法律规定的权力，即通过法律程序获得的权力，如选举产生的总统的权力。

其次，企业经理都是有一定责任的人。企业的管理者，有一定的位置，需要使用和行使相应的权力，但也有一定责任，权力和责任是一种矛盾的统一，始终是一个特定的权力和责任相关联，当企业给管理者一定的位置和状态，形成一定的权力，经理同时也承担企业的责任。企业各级管理人员的责任和权力必须是对称的和明确的，没有责任的权力，将不可避免地导致不可用的管理员，没有权力的责任模糊，难以承担责任，不负责任的权力人，可以在工作发挥适当的作用，但难以成为一个真正有效的经理。

责任是管理者的基本要求。管理者在被授予权力时，应当对企业的命运承担相

应的责任，对企业的成员承担相应的义务。权力和责任应该同时起落。

2. 经营管理者的层级划分

根据企业内部管理人员的职位和职责的不同，一般分为总经理、高级管理人员、中级管理人员、基层管理人员四个层次。

总经理是企业内部从事日常管理活动的人员。

高层管理者一般是战略经理和全球经理，负责企业全面管理，密切关注企业的长期和重大问题，关注企业的生存发展和整体效率，因此企业高层管理者不仅作为一个整体，更多地关注外部环境，企业为企业的生存和发展长期规划正确的目标和实现这些目标的具体途径，并在总体上促进组织朝着正确的方向高效运行。

中层管理者是在组织层次结构的高层管理人员和一线经理，负责公司的总目标和计划一个更具体的目标和活动。

基层管理者的管理范围直接涉及组织中的非管理人员，他们负责实施中层管理者制订的具体计划。基层管理者由上级领导，确保公司战略在内部的有效实施。

3. 经营管理者在企业中的角色

彼得·德鲁克在1955年提出了管理者角色的概念。德鲁克认为管理是一种无形的力量，它体现在各级管理者身上。因此，管理者的角色和职责大致可以分为三类。

第一种：经营企业，获得企业的生存和发展。为此，管理者必须坚持：一是确定企业应该做什么？目标应该是什么？如何采取积极步骤来实现这些目标？二是追求企业的最大利益；三是服务社会，创造客户。

第二种：管理经理。上、中、低水平的企业，每个人都是管理者，在同一时间，每个人都是经理，所以经理必须坚持：一是确保假设，意图和下属的努力可以朝着共同目标前进，第二，培养集体合作的精神；第三，培养下属；第四，建立健全组织结构。

第三种：管理员工和工作。管理者必须认识到两个假设：一是工作性质在不断迅速变化，脑力劳动的比重在不断增加；二是对于人，必须正确认识处理好各级各类人员之间相互关系的重要性。

二、企业经营管理人才队伍建设实践

（一）加强管理人员的选拔和引进

为了选拔出那些真正可靠、权威、想做的事情的人，能够把几千名优秀的管理人员引向正确的岗位，许多企业在干部选拔方面不断作出大胆而有效的尝试。干部选拔任用过程中，许多公司坚持开放、公平和正义的原则，坚持道德品质，摆脱资历的束缚，通过引入竞争机制搜索选择人才。我们应该扩大视野，拓宽用人的方式。在这方面，合资和私营企业的机制是最灵活的，国有控股企业的变化是最大的。通过多年不断尝试改革，国有企业逐渐建立起一套人才队伍建设具有中国特色的管理机制，坚持党员干部的原则，例如，强调党委的领导干部选拔任用过程中工会和职工群众的监督职能。经过多年的改革尝试，国有控股公司已逐步探索出一套与社会主义市场经济大致相符的成熟有效的机制。

在加快内部选拔和培训的同时，企业也普遍加大了从外部引进管理人才的力度，以满足企业人才短缺的迫切需求。通过增加外部的力量，企业迅速改变了人力资本结构，提高人力资源的优势，但也从一定程度上对现有管理人员形成一定压力。此外，这种外部引进方式通过充分发挥市场在人力资源配置过程中的基础性作用，促进了管理人才的合理流动，从整体上提高了国家人力资源配置效率。目前，许多企业将适度引进急需的经营管理人才，作为一个快速发展的人才队伍的重要措施之一，作为促进企业竞争力的一种快速有效的方法，大型企业、特别是保险金融系统、位于西部偏远地区的大企业，多年来以相当优惠政策在全球范围内公开招聘管理人才，在社会上引起了很大的反响。

（二）重视管理人员的培养和使用

科学的人才培养和合理的人才利用是人才队伍建设的两个重要方面。管理人才在企业中负责管理决策的实施等重要职责，需要具备特定的素质和能力。有些能力甚至需要具备特殊的潜能。这些素质和能力的形成不是一蹴而就的，而是有其内在规律，依赖于自身的成长环境。但总的来说，培养管理人才的主要途径是培训和学习，以及在实践中不断摸索。从这个角度来看，管理人才的培养和使用是两个内部问题。

为了适应复杂竞争环境对管理人才素质和能力的一般要求，企业在实践中探索了一系列较为成熟的人才培养模式。

首先，企业比以往更加注重管理人才的培养和使用。面对激烈的市场竞争，企业普遍意识到人才，尤其是人才管理在一个组织中的核心作用，意识到管理人才队伍建设的重要性，实现人才队伍建设必须依靠科学的管理机制作为保障。

有远见的公司，通常注意培养管理人才为其量身定做职业规划，挂职锻炼，通过工作岗位轮换，有计划、有步骤地对经营管理人才在实践中进行磨炼，积累完美的操作和管理人员的实际工作经验，提高能力。表现优秀的管理人才在条件成熟时及时提升为关键职位加以重用，这种模式的干部实践培养了有丰富基层工作经验的管理人才，提高了经营管理人员解决实际问题的能力，极大地调动了管理人员的工作积极性，加快了经营管理人才的快速成长。

其次，企业比以往更加注重管理人员的培训。与改革开放前相比，企业特别是大企业的干部培训工作发生了很大的变化，主要体现在以下几个方面。

第一个变化是对培训的强调。现在的企业更加关注人事管理培训，主要领导人重视培训工作，如中国石化的领导高度重视干部的培训，为学生举办讲座，参与讨论学生的互动，反映了领导高度重视干部培训工作。

第二个变化体现在培训内容上。过去，思想政治素质培训的重点是管理知识的普及，这在一定程度上是为了弥补教育的滞后。改革开放之初，企业也不太适应市场竞争，内部管理相对严格，迫切需要改变想法，迫切需要普及现代管理知识，培训内容反映了现实的基本国情和干部的知识结构现状，符合早期开放企业的管理水平。现在，随着我国改革开放的深入，随着我国企业管理水平的进一步国际化，中国管理人才的质量整体提升，企业尤其是大型企业管理人员培训已经发生了很大的变化，更多地关注国际最新管理理念，注重工作能力，注重学习最新的管理实践。

第三个变化反映在培训的开展方式上。今天，企业管理人才培养更多地采用成人学习和训练方法，讲课的内容大大压缩，案例讨论、学生论坛、现场教学、情景模拟等实践方式的培训内容，这些增加了其核心思想是强调学生在训练中发挥的主要作用，强调调动学生独立获取知识的热情，强调理论与实践结合，以不断提高培训效果。

第四个变化体现在培训概念进一步融入国际实践。例如，中石化以能力为目标的现代培训理念对国内培训行业产生了巨大影响。经营管理人才培养的过程中，中石化以提高学生岗位能力为目标，对中国石化干部战略的总体要求围绕训练学生在实际工作中遇到的挑战，通过仔细和详细的研究，从组织、岗位、个人三个方面准确掌握每个培训课程的需求，有针对性地确定每个培训的目标，系统设计模块化的培训项目和课程体系，结合各种国际流行方式，让学生在训练中发挥主要作用，强调理论和实践之间的联系和学习应用实践，目的是不断提高培训的有效性和前瞻性。

国有控股企业加强薪酬激励的同时，也特别注意企业的软环境建设，注重激励的综合利用，通过真诚的关怀、理解、爱和信任，建立一个良好的工作环境和生活环境，帮助他们实现他们的价值并获得自豪感和成就感，得到来自企业的尊重和认可。具体做法如下：

一是充分利用人才，为经营管理人员创建尽可能发挥其潜在用途的岗位，以充分利用优秀人才，为优秀的人才提供一个舞台展示自己的才能。

二是以高尚的精神鼓励人才。大企业善于通过理想和信念教育引导管理人才热爱自己的工作，献身于自己的工作，从而增强他们的责任感和荣誉感，实现自己的价值。

三是有真情实感地关爱人才，通过营造积极、团结、和谐的人际关系和工作环境，使管理人员安心工作。

四是用好工资稳定人才，在政策允许的范围内，尽量为管理人才做实事，消除管理人才背后的烦恼，实现薪酬留人。

在企业内部，经营管理人才拥有大量与企业经营有关的信息，面临着许多作出正确决策的机会。他们有相当大的决策权，对企业有相当大的影响。缺乏有效的监督约束机制，经营管理人才很容易侵害企业的利益。因此，各企业都注重通过严格的制度来加强对管理人员的监督和约束。

通过完善公司治理机制，加强股东对管理层的监督，绝大多数上市公司现在已基本建立了完善的现代企业制度，董事会负责公司的重大决策，管理层是负责日常管理和业务范围内的授权决策，监事会负责管理审计监督等，进一步完善公司治理机制，加强对管理的监督和制约。

五是深化市场经济改革，规范资本市场信息披露制度，从产品市场、人才市场和资本市场三个方面加强对管理人才进行监督和约束。在规范的市场经济中，经营不善的企业容易被他人并购。在这种情况下，被解职的管理人员很难找到合适的工作，外部市场压力将迫使现有的管理人员努力工作。随着我国市场经济改革的进一步深入，这种以市场为导向的监督约束机制将对管理者发挥越来越有效的监督约束作用。

第二节　专业技术人才建设

一、专业技术人才队伍建设理论概述

专业技术人员，是指从事专业技术工作和具有管理工作专业技术资格的人员。企业专业技术人员是企业员工的重要组成部分，是企业核心竞争力的主要载体，是管理人员与技能之间的桥梁和纽带。掌握和推进科学技术的工程技术人员在应对日益激烈的市场竞争、推动改革发展、实现战略目标方面具有不可替代的作用。做好专业技术人才队伍建设，了解专业技术人才成长的规律，了解企业专业技术人才队伍建设的方法和途径，在此基础上，努力建立一支业务协调、充满活力的专业技术人才队伍，为企业战略目标的实施提供强有力的人才支持。

（一）专业技术人员成长规律概述

一般来说，人才成长规律是指人才成长过程中存在的可重复的必然关系或概率关系，是人才成长过程中各种因素之间的本质联系。成功可以分为一般规律和特殊规律。一般规律是指在各个历史时期、各种社会形式的选拔中，各种人才所共有的成功规律。特殊规律是指不同历史时期、不同社会环境、不同行业等条件下人才的特殊规律。

人才的成长与有效劳动报酬成正比，即成功的基本要求是勤奋。当然，勤奋的效果受到遗传、环境、教育、社会文化背景等因素的限制。勤奋应该是有远见的勤奋，从而达到事半功倍的效果。与从事基础研究的人员不同，工程技术人才往往是在实际工程实践中培养出来的。对于专业技术人员来说，他们从事的行业的技术含量越高，成熟度越高。高技术产业的一般人才平均工作年限为25年左右。

（二）培养创新型专业技术人才的规则

除了上述一般规律外，创新人才还应遵循时代的要求和科技劳动的要求。这些特性遵循以下步骤。

第一阶段是基础学习阶段，这是指接受高等学校的专业教育，这是一个为在企业从事生产和工作打下坚实基础的时期。第二阶段是现场实习阶段，这是创新型专业技术人才成长的关键阶段。在这个阶段，他们应该完成"个人能力的三次转变"。一是从书本知识转换为运营能力；二是逐步积累工作经验，掌握相应的技能，并有能力解决各种技术或管理问题；三是从单一发展能力向系统发展能力的转变这是一种基于系统和整体观念的科研能力培养。在此阶段完成后（即中高级创新专业技术人才的成长阶段，约8～10年），可独立承担小项目或大型科研项目的开发。第三阶段是人才创新活动阶段。经过以上两个阶段的人才能够从事技术、科学研究和创新。由于人才成长的个体差异，只有少数人才具备从事这种创造性活动的能力。

二、企业专业技术人才队伍建设实践

（一）企业专业技术人才队伍建设的主要做法

1. 重视体制机制的建立

企业重视专业技术人才队伍建设重点在于创造环境，而制度机制的建立是一项长期、基础性的工作。例如，经过多年的探索和完善，中石化在专业技术人才队伍建设方面形成了一套独具特色的管理体系。在制度方面，体现在集团公司党组领导下的人事主管、总部和企业的层级管理制度。总部主要负责宏观管理、政策管理和重点人才管理。各企业协助集团公司管理骨干人才，直接管理本单位其他专业技术人员，具体实施专业技术人才政策制度。企业的专业技术人员主管部门应当组织人事部门、业务部门和直属基层单位协助管理。各级领导重视专业技术人员队伍建设，建立人才选拔、培训和工作机制，并初步形成了一套中国石化专业技术人员队伍建设的特点和管理的法规、制度、方法，基本形成了专业技术人员管理系统，拥有较为完善的职称评定体系，调动专业技术人员的积极性和创造性，特别是在人才培养策略、特色、进步等方面促进了中国石化的健康发展。

2. 建立专业技术人才发展的通道

道康宁是有机硅胶产品行业的全球领导者。公司总部位于密歇根州米德兰，在亚洲、欧洲和美国拥有23个生产基地，生产7000多种产品，服务于全球各大行业的25000多家客户。公司致力于职业渠道建设，建立"两步八步"结构。其双职定义为：一组或多组非管理技术阶梯，按照一定层次对应平等原则，构成与管理阶梯平行的员工双职阶梯。技术阶梯分为三个类别：研究、技术开发/服务和制造工程，每个细分为八个部分。研究类别从低到高分为化学工程师、助理项目化学工程师、项目化学工程师、研究专家、高级研究专家、助理研究科学家、研究科学家和高级研究科学家。职业发展提供了两种或两种以上平等的晋升阶梯：一种是管理通道，可以晋升到高级管理岗位；另一种是技术通道，专业技术人员可以通过在研究领域继续发展。在两步发展路径中，能够晋升到企业中高层职位的员工数量大幅增加，避免了以往的单步桥局面，使各个岗位的员工有更多的发展机会。专业技术人员可以决定自己的职业发展方向，可以继续攀登技术职业，也可以进入管理职业通道。两种职业道路的员工薪酬水平相同，发展机会相似，为研究人员和创意专家提供了充足的发展空间和机会。

第三节　技能操作人才建设

一、技能操作人才队伍建设的主要做法

大型国有企业在中国一直高度重视人才队伍建设，完善评价体系，深化工资分配制度改革，强化激励措施，建立初步的技能操作人员管理模式，并逐步形成适应人才的企业战略。

通过价格、监督、约束等机制，人才队伍建设的基础性工作得到明显加强，成效显著。我国企业技能操作人才队伍建设的主要方法有以下几个方面。

（一）建立健全技术人才培养机制

面对不断变化的新技术、新材料、新设备和运营商越来越高的质量要求，企业的领导者已经意识到，如果没有熟练的运营商建设，企业不会有快速发展，经济不会大大提高。为了突破技术人才发展的瓶颈，许多公司建立了培训体系，以提高人才质量。主要方法有：一是加大投入，完善硬件资源，丰富师资队伍，建立独立的教学基地，完善教学设施和功能。二是围绕生产线，加强基础岗位培训。围绕程序、标准、理论技术和操作技能开展岗前、岗位技能和知识培训。三是搭建校企合作平台，重点开展素质提升培训。充分发挥高校和企业的资源优势，实行学历证书与技术证书相结合，培养一大批高技能人才。四是注重员工的知识结构，注重拓展创新思维，注重职业道德、执行力、创新力、发展战略、企业文化，全面提高熟练操作人员的素质和能力。例如，中石化根据企业战略发展的要求，遵循高技能运营人才成长规律，根据人才培养要素，建立以核心能力模型为基础的高技能运营人才"三要素"培养模式。"三要素"培养模式旨在培养核心能力。通过核心能力培养设计，建立循环培养机制，营造良好的培养环境，实现高技能运营人才培养的规范化、程序化培养模式。其中，培养设计解决了"培养谁"的问题，循环培养解决了"如何培养"的问题，环境建设解决了"优化培养环境"的问题。

（二）初步形成多方位的技术经营者激励机制

目前，许多企业都在探索实施有效的激励机制，根据职工的专业资格和技术技能来确定工作岗位，结合职工的技术技能运用和实际贡献来确定相应的工资和福利待遇。山东省政府明确规定，技术人员和高级技术人员享受中高级专业技术职称待遇。航空航天和其他工业集团指导企业将劳动组织管理和收入分配制度改革，增加技能因素参与工资分配的比例，并优先完善高度熟练的操作员在关键技术岗位的工资、福利和培训制度。

（三）建立较为完善的技术操作人员考核评价体系

中国企业采取了一些方法和措施来保持熟练经营者队伍的蓬勃发展。一是建立定期目标责任考核和动态管理考核制度。这种动态的管理和评价体系为技术操作人员的成长创造了良好的制度环境。二是实施操作人员技能考核。以提高人才的质量和技能为目标。它不仅实现了熟练操作人员能力水平的综合评价，而且为高质量熟练操作人员脱颖而出创造了条件。三是实现熟练操作人员绩效水平的综合评价。

（四）为熟练操作人员的成长创造良好的环境

目前，中国已经设立了"中国技能奖""国家技术专家"等政府奖项，地方和行业设有"技术专家"和"行业技能奖"等奖项。技术和业务人员的选拔和表彰初步形成了制度。同时，一些地区、行业和企业每年都会举办职业技能竞赛，企业开展在职培训活动，对在职业技能竞赛中取得优异成绩的人员给予相应奖励。通过表彰和技能竞赛活动，不仅使一批高技能的经营者脱颖而出，而且促进了全社会对高技能经营者的青睐，为高技能经营者的成长创造了良好的社会环境。

二、加强技能操作人才队伍建设的途径

建立和完善企业人力资源机制是一项复杂的系统工程，根据技能型人才队伍的特点，我们认为关键在于从发展与培训、激励、评价与考核、合理配置四个方面完善技能型人才队伍建设机制。

（一）加强发展和培养机制

在人力资源开发计划中应将对熟练操作人员的培训作为硬性计划纳入，将熟练操作人员的培训、岗位任用、岗位晋升紧密结合起来。将对熟练操作人员的培训作为对员工的一种激励，有针对性地选择优秀和潜在的员工进行培训。培训的目的是提高、利用和发展新的生产力。

1. 加快建立技能操作人才持续培养的推进机制

人才培养要从长计议，建立一个人才培训体系，涵盖所有人员。通过培训，员工可以了解企业的理念和文化，努力实现企业的战略目标。加强操作技能培训和规划，形成持续操作技能培训机制，提高操作人员的技能，并纳入评估体系。

加强对熟练操作人员的需求分析，实施科学的人才培养计划；通过脱产培训、技术竞赛、导师指导、技术突破、岗位培训等方式，使熟练操作人员的培训日常化、丰富多样并形成协同效应。重点培训高级以上人员、班组长、重点项目经理和重点涉外项目经营者。在主营业务领域，打造一批能够代表中国运营技术最高水平、专业素质高、创新能力强的核心技能运营人才。

2．加强技能操作人才培养基地建设

对技能操作人才培养基地进行合理规划和布局，通过科学规划和重点扶持，选择重点专业工种设立技术先进、培养效果好、课程开发能力强、特色鲜明的技能操作人才培养机构，命名为企业技能操作人才培养示范基地，建立一批技能操作人才培养示范性基地。

3．加强技能操作人才的实践锻炼培养

遵循熟练操作人员岗位成功规律，为熟练操作人员搭建技能展示和岗位成功展示平台。开展职业技能竞赛，将职业技能竞赛与日常技术培训、在职培训和技术创新相结合。鼓励企业开展不同规模、不同层次、不同类型的竞争活动，使优秀的技术经营者在实践中脱颖而出。推进"名师引领学生"行动，充分发挥掌握先进技术和独特技能的技术带头人作用，培养后备高技能操作人才。

4．开展技能操作人才境外培训

发达国家技术水平高，对熟练操作人员的技能水平和创新精神要求高。我们可以尝试外派一些熟练的操作工到发达国家的企业工作，让熟练的操作工在高标准、严要求的环境中接受培训，进一步提高他们的技能、科技含量和创新精神。此外，我们在高技能操作人员培训方面寻求国际合作，不断提高高技能操作人员的综合专业素质。每年将选拔一批高技能的操作人员出国进行短期、中期和长期培训。

5．继续全面推进职业技能鉴定

完善并定期修订《职业标准》，加强职业技能鉴定机构和鉴定与评估人员的构建，并设立一个系统的职业技能鉴定和复审的职业资格证书，覆盖所有员工。对具有或者低于职业技能水平的高级职工和操作工，应当通过职业技能考核，突出职业道德和业务技能考核。对技术人员和高技能操作人才，以诚信和忠诚为基础、职业能力为导向、成就贡献为重点，使用专门的评估和日常检查结合，凸显了责任感、创新力量、操作力、指导力、研究力量、合作力、执行力等七个核心能力评价。拓宽考核渠道，通过岗位绩效考核、考核表彰、竞争选拔、创新成果认定等方式，对业务高技能人才进行考核。要放宽资格要求的限制，打破干部和工人地位的界限，有效激发广大职工的学习积极性，尽快促进技能型人才队伍的发展壮大。

6．加强技能操作人才队伍建设基础研究工作

加强技能操作人才开发的需求趋势研究，加强高技能操作人才相关理论应用研究，进一步加深对高技能操作人才队伍建设的各项基础工作的认识，为企业决策、开展高技能操作人才培养提供更具操作性的理论支持。

（二）健全激励机制

1. 建立有竞争力的薪酬体系

引入市场机制，建立与人才队伍渠道相适应的统一、有竞争力的薪酬体系。根据工资在国内外人才市场的变化调整工资标准，以有序的方式提高有市场竞争力的工资，根据熟练操作人员团队的特点，制定基本工资标准，能反映位置差异、绩效考核结果的。建立具有国际竞争力的国际人才薪酬管理制度，提高人才的国际竞争力。

2. 完善技能操作人才奖励制度

随着改革发展的深入和企业市场化的逐步推进，需要更多的熟练操作人员，各种激励制度必须进一步完善。企业设立高技能操作人员创新奖，奖励在解决生产问题、提高生产效率方面作出突出成绩的人员。在职务薪酬的确定方面，充分考虑技能，鼓励多才多艺，鼓励一个人参与多个专业资格的考试，真正成为一个"通用型"技能操作人才。

3. 制定技术工人的职业规划

对熟练操作人员进行职业生涯规划，为熟练操作人员建立相应的职业生涯规划档案，对个人职业生涯规划进行跟踪评估。为员工职业发展创造新的空间，提供行业交流平台和培训平台，为员工成长开辟渠道。

4. 为熟练操作人员建立增长渠道

技能操作团队设置高级技能、中级技能和基本技能水平，各级建立相应的不同位置，使每个岗位的技能操作人员有更多的发展机会。

5. 树立正确的舆论导向

倡导敬业精神和岗位上的成功，营造"尊重劳动、尊重知识、尊重人才、尊重创造"的良好氛围。积极表彰有突出贡献的技能型人才和培训机构，及时弘扬典型成果，总结典型事迹，表彰典型人才，用道德和物质激励扩大社会影响力，提高技能型人才的社会地位。

（三）建立科学合理的技能操作人才评价和考核机制

1. 建立科学的考核评价机制

建立健全专业技术人才考核制度，注重工作绩效，注重职业道德和知识。在评价内容上坚持专业的结合能力和工作绩效；在评价标准上坚持国家标准和岗位要求；在评价机制上坚持专业的评估和企业识别；在评价和实现上坚持行政指导和技术支持。对熟练操作人员的考核，在现有考核模式下突出实际操作能力、解决关键生产问题的考核要求，增加对新技术、新知识的要求。实行自我评价、下级评价、上级评价和评估组评价相结合的方法。在完成实际工作成果的基础上，对工作的数量和质量进行评价；对个人绩效和团队绩效进行评价，使个人绩效和团队绩效保持一致；既注重绝对指标，又注重相对的标准。建立反馈制度，减少评价误差，并根据实际情况的变化提出改进评价方案，以保持其有效性。

2．建立岗位胜任力模型

能力模型的建立以品德、知识、能力和业绩作为测量标准，工作质量要求和资格条件应该明确，应指导把个人理想与企业需要进行职业生涯设计。促进学习型企业建设，倡导终身学习理念，创建一个良好的学习氛围，促进各类人才在工作中学习，在研究工作中提升工作质量和能力，根据岗位胜任能力模型科学训练，继续增加训练强度，促进人才队伍的建设。

3．逐步推行岗位准入制度

技术操作人员在被接纳之前应该接受培训。逐步建立重点岗位各类人员的岗位准入制度和资格培训制度，严格禁止各类人员未经培训上岗。各类人员的培训、学习表现和业绩将纳入个人年度绩效考核，是其职业发展的重要基础之一。派出单位和培训机构应当加强对员工学习成绩和实际能力提高情况的考核，注重对培训人才的考核。加强各类人员培训后的跟踪考核，创造条件鼓励和支持员工学以致用，把培训成果转化为工作成果。加强对员工自主学习的引导，制定学习成果奖励制度。

第四节　国际化经营人才建设

一、企业国际化经营人才队伍建设的主要做法

企业发展，人才为本。要实现国际化经营的目标，就会迫切需要有一个国际人才团队，熟悉国际惯例和操作规则，有坚实的专业基础，精通外语，具有国际视野和跨文化交际能力强，兼容跨国经营、管理、技术和文化。企业在人才选拔、使用和管理、激励和约束等方面进行了有益的探索和实践，形成了一些良好的经验和做法。

（一）拓宽渠道，精挑细选，大力引进国际商务人才

企业坚持就业的标准，确保人才的质量，内部挖掘一批，外部招聘一批，高校引进一批，形成一批国际商务人才以满足当前和未来的需要以及海外业务的发展。

内部挖掘。中石化树立国际化经营的整体概念，坚持使局部利益服从整体利益的原则，打破人才的内部流动和分配渠道系统，并创建一个工作环境，利用人才的最佳能力。总部和有关国际业务单位应当分别建立国际业务人才信息数据库，并为学生创造条件参加国际业务关键人才培养。鼓励系统内优秀人才申请国际商务人才

岗位，总部提供人员配置支持。集中管理和部署中、高级国际商务人才的培养。

高等学校推介。建立一个特殊的国际操作人员招聘计划，每年直接介绍英语水平高、综合素质好的优秀学士和硕士毕业生，采取提前签合同的方法，和学校共同开展实践课程，缩短时间，以适应毕业后工作。

外部招聘。为吸引管理理念先进、管理经验丰富、实践经验丰富的外国人才，我们将对急需的国内外高层次国际商务人才开放招聘。根据"就业本土化"的原则和当地法律法规，招聘部分外籍员工。

灵活的推介。许多企业本着"不为所有人服务，只为使用"的原则，通过代理、招聘、技术咨询、项目合作等方式引进国际项目所需的财务、法律、投资、HSE、技术管理等国内外专业人才。

（二）统筹规划、分类培训，努力培养合格的国际商务人才

跨国公司的发展与其一贯强调对员工的培训是密切相关的。培训是对员工最大的投资，员工能力的发展实际上是企业未来的发展。通用汽车（General motors）每年从中国总部派遣近1/4的员工出国培训。在"走出去"之初，中石油东方地球物理公司对人才培养进行了全面部署，形成了层次分明、针对性强的人才培养体系。以下是该公司的主要做法。

1. 坚持全面改进，注重对"短板"的补充

一是加强重点人才的沟通能力和管理能力培训。同时，将重点人才培养与职业发展相结合，对高级技术人员除了进行语言交际能力的培养外，还进行技术培训，并根据甲方要求的技术人员资格安排相应的技术岗位培训。二是加强英语和小语种培训。三是加强HSE管理的高层次培训，逐步从一般概念体系培训向更有针对性的急救人员培训、国际SOS培训、安全培训、个人安全行为能力培训等转变。四是根据业务发展需要，加强深海拖曳人才培养，基本保证了深海业务的发展需要。

2. 要多途径结合，注重培训的针对性和实效性

根据国际业务网点多、人员范围广、人员层次不同、要求不同的实际情况，东方地球物理公司国际部采取了多种灵活多样的方式加强员工培训。第一，团购培训，可以满足海外项目项目准备人员的集中培训；第二，销售培训类型、数量的小类关键训练，学习者"定制"，重点加强和提高；第三，订单培训，根据项目的需求，快速培训人员急需的项目；第四，有序型联合训练，根据业务发展的需要，提前联系高校联合训练的具体专业的学生。

3. 推动本土员工本土化，以海外培训中心为重点

员工本地化是企业国际化进程中的必然选择。在加强培训工作的同时，要积极推进跨文化管理。通过对"明星员工"的评价、认可序列的纳入、中外员工的"师徒"、参观学习等措施，进一步巩固员工本土化成果。

4．继续利用全球资源，着力提高自力更生能力

主要思路是在加强培训基础工作的前提下，充分利用外部培训资源开展新业务和高层次培训，不断增强对外部资源的评价和利用能力。坚持使用全球资源的理念，不是要拥有所有资源，而是要使用所有资源。近年来，第一，加强与GSR、SOS等全球其他培训机构的合作，开展一系列的培训工作；第二，充分利用知名大学的训练能力；第三，加强与专业的会计师事务所、律师事务所和保安公司合作；第四，加强与人力资源咨询公司合作，如美世咨询公司，开发胜任力模型和培训各专业职位序列矩阵；第五，海外项目加强了与地区培训机构的合作，例如，管理部门通过北非地区欧洲卫生专业协会和马耳他红十字会急救培训员工。

（三）优化结构，合理利用结构，充分发挥国际商务人才的作用

加强绩效考核。一些企业借鉴国内外先进经验，运用现代管理理论和工具，突出岗位责任和实际绩效，落实工作目标、效率目标和管理目标。对员工（或受雇员工）的考核包括考勤、业务能力、外语水平、工作态度、工作表现、综合素质等。特别是外语水平方面，一些单位要求员工达到一定的TOFEL成绩，否则扣除相应的绩效奖金。员工综合考核结果作为年终考核奖励发放的重要依据，员工考核结果也作为是否续聘的重要依据。

建立和完善用人合同制度，明确限制重点岗位竞争，实行6个月至2年的禁止期。除经济处罚外，对不履行职责或因主观或人为因素造成工作失误或严重经济损失的员工，视情况从国际岗位调离或终止劳动协议。

（四）加强激励，提高保障，积极稳定国际商务人才队伍

目前，外籍员工的工资大约是中国员工的2～5倍。据了解，华为人力资源部定期从专业咨询公司采购外部薪酬市场数据，以便随时分析和检验华为薪酬标准的外部竞争力。海外员工薪酬制度的制定，首先要尊重当地的法律和习俗。华为按照"对内对外公平"的原则，结合自身的支付能力和与当地主要同行的比例，确立了高于本土同行的薪酬领先战略，稳定了国际业务人才队伍。建立强制休假、探亲预约制度。境外项目现场人员每3个月休假1个月（含出差时间），其中12小时班组原则上每2个月休假1个月。在海外工作9个月以上的企业骨干，如果不能回中国度假，其家属可以探亲。境外项目工人的保险分为国内、国外两部分。

定期体检和心理咨询制度。让海外人才在文化教育、医疗、休闲活动等方面享受特殊优惠待遇，确保海外员工身心健康。丰富海外员工的文体生活，培养不同肤色、不同文化背景的员工相互包容、相互融合的企业文化，营造和谐的人文环境。

尝试解决实际困难。我们应该以人为本，努力改善工作和生活条件。根据国际项目分布情况，在不同地区建立海外生活物流基地，保证海外生产物资的需求，为海外员工的生活、物流、医疗服务提供支持。创造条件，优先解决入京国际商务人

员的户籍、子女教育、家庭就业等实际困难。

二、加强国际化经营人才队伍建设的主要措施

（一）建立国际商务人才招聘机制

严格引进标准和程序选拔人员。企业应该引进所需的各种专业、高品质的、成熟的人才补充国内员工主要来源，严格控制质量，严格执行组织选择、社会招聘和研究生介绍程序，建立专业和外语测试系统。积极引进高水平、高素质的国际员工到国内单位工作，促进员工国际化。

适应工作要求，最好是外籍人士。国际业务部门在海外工作质量和能力的要求，应该扩大候选人视野，根据个人的建议和公开竞争，组织评估程序。

拓宽招聘渠道，引进国际人才。树立全球人力资源配置理念，加强企业形象和文化宣传，积极创造有利于吸引人才的政策环境、工作环境和文化环境。国际业务单位和海外单位应建立专门的招聘网站，加强与国际知名人才中介机构的合作，面向全球人才市场，增加高层次、专业化国际人才的引进。

加强人才引进，探索灵活运用人才的途径。境外单位应当规范招聘程序，加强对当地人力资源的开发，引进符合岗位要求的当地员工，特别是有能力或符合重点岗位要求的员工。探索合法灵活用工方式，吸引高校毕业生、中国留学生、海外华人等人才到企业服务。加强与地方技术服务公司、会计师事务所、律师事务所、监管公司、报关公司、劳动中介机构等专业机构的合作，通过技术服务、业务咨询、劳务派遣等形式，拓宽人才渠道。

（二）建立国际商务人才培养机制

开展人才需求分析，加强统筹规划。国际业务定期开展长期的海外人才需求分析，根据海外业务发展战略和规划，提前预测需求，分析人员数量和能力，加强国际化经营人才培养储备提供基础的人才队伍建设。

要加大力度、创新方法，加快培养高素质、能力强的国内外人才。加强全球视野和国际商务意识，增强国内员工外派能力，全面提高国内外员工的国际商务和外语水平，增强工作能力。建立培训候选人选拔机制，实行重点培训项目候选人联合考试制度，实行个人参与培训与组织培训相结合，保障培训候选人素质。以培养战略后备人才、国际领先后备人才和重点人才为重点，按要求开展针对性培训，并与应用紧密结合，形成人才培训与海外市场开发、项目运营联动机制。加强复合型人才培养，实施国际基础知识三级培训，加强外语培训，开展海外实习，严格执行培训外派标准，确保人才培养质量和成功率。跟踪学员的使用和管理，提高利用率。

加强国际员工和本土员工的培训，探索和实施职业生涯设计。重点提高国际员工和本地员工在关键岗位的管理能力和专业能力，增强企业核心价值观和企业文化

的认知度；国际业务单位应进一步完善优秀外籍员工来华培训体系和模式，海外单位应充分利用国内外培训资源，切实履行对国际和本土员工的培训职能。借鉴国际先进的人力资源开发模式，组织海外单位有条件开展外国人才的职业生涯设计，制定一个统一的职位序列和支持工资制度和顺畅的职业发展通道，加强跨文化沟通和交流，并逐步建立一个管理系统平台。

加强国际商务人才培养和保障。加强企业海外培训中心和实训基地建设，充分发挥国内培训中心和合资培训基地作用，积极利用国际合作伙伴培训资源，培养人才。

（三）建立国际商务人才利用机制

有效分配人员。国际商务企业应适应国际商务管理的特点和要求，明确部门和岗位的职责，优化部门和岗位的设置，确定岗位资格条件。建立人员退出机制，对专业技能和外语技能不符合岗位要求的人员进行培训，限制职务晋升，体现在工资收入中；在规定时间内培训不符合岗位要求的，应当退出国际运营岗位。

合理规范各类海外人员配置。按照遵守所在国家（地区）法律法规的原则，为国际商务的可持续有效发展、人才培养和合理控制劳动力成本作出贡献，调配和使用各类海外员工。派遣员工主要从事关键岗位的工作，并逐步关注核心位置（指经理层和部门的技术专家、管理和专业技术职位以上级别），加快退出机制。国际员工主要分配在核心岗位，本土员工主要使用在一般岗位。同时，注重选拔和培养能力强、业绩突出、对企业忠诚的优秀本土员工担任重点岗位和核心岗位。国际企业和海外企业应加强人才风险意识，采取有效防范措施，确保各类人才"安全出入境"。

完善管理模式，优化外派人员结构。加强对外籍员工比例和专业结构的管理和指导。国际企业应研究和完善外派员工管理模式，加强制度化、规范化管理，加快建立国内外员工轮岗制度，促进人才交流与发展。海外企业应注重在工作中寻找人才，及时选拔和提拔德才兼备、业绩突出的外派员工，并委托他们承担重要任务。

规范国际员工的使用和管理，提高国际员工的比例。企业应积极探索有效的方法介绍，充分利用和保持国际员工，不断提高国际雇员的比例，以保持管理的连续性和团队稳定性。加快研究建立符合国际惯例和企业实际情况的国际员工管理制度，明确行政权限，实现多层次的科学管理。

根据法律法规使用当地员工，促进企业员工的本地化。海外企业必须加强就业依法的概念，严格执行劳动法律、法规的国家（地区），通过引入文化熟悉劳动法律法规的国家（地区）的专业人员或在专业咨询机构的力量，管理当地员工的行为，防范劳动风险，发挥注重企业良好形象的社会责任，引导当地员工了解企业发展目标，积极参与企业管理，发挥自身优势。

加快建设国际运营人才库和国际运营后备人才库。建立国际经营企业的人才库将满足国际化经营人才的标准和相应的人才储备人员培训潜力，提供各种信息，并提供一个国际经营人才的基础分析、培训、使用的总体规划。

（四）建立国际商务人才集聚机制

理顺国内员工分配关系，加强指导作用。国际业务单位应综合考虑相关因素，统筹平衡各类员工收入关系，合理确定企业国内员工的整体薪酬水平。根据部门和岗位与国际业务的关联度、重要性和工作绩效，拉开内部分配差距。特别是要倾斜直接从事国际业务和与国际业务密切相关的岗位，形成有效的激励机制。

完善境外人员补偿和福利制度。进一步理顺分配关系，建立固定工资增长机制，重点提高重点岗位职工工资水平和竞争力。加强绩效奖励，加强工作绩效与职工收入挂钩，奖励优秀人才和优秀团队，完善重点岗位中长期激励制度。调整和完善休假、探亲、风险补贴等福利制度，不断改善劳动生活条件，保障外派人员身心健康。

拓展外派员工的职业发展空间。根据生产经营规模等因素的变化，及时调整海外单位的管理规范，建立外派员工随海外业务发展的晋升机制。国际商务单位在提拔和聘任时，应以海外工作经验为优先，促进国际商务人才的快速成长。在职称评定、评定和表彰方面，倾向于具有海外工作经验的骨干。

解决外籍员工的担忧。考虑到员工的住房和工作流动性等因素，优先考虑国际管理人才比例、海外工作时间长、专业人才短缺等因素。同时，我们还需要帮助外籍员工安置配偶。

实施具有竞争力的国际员工薪酬福利政策。海外企业应借鉴国际企业的普遍做法，建立并实现一个国际员工薪酬和福利制度，符合国际惯例，具有较强的竞争力，合理确定薪酬和福利的结构和水平，探讨养老金计划和其他有效的中长期激励措施，吸引和稳定高质量的国际员工。

第七章 新时期企业文化建设的路径

企业文化是指企业在长期的经营过程中，将企业的全部员工结合在一起的理想信念、价值观念、管理制度、行为准则和管理规范的总和。企业文化建设能够科学地整合企业生产要素，引导企业形成共同价值观，增强企业的凝聚力，促进企业可以在竞争激烈的市场中实现可持续发展。

第一节 企业文化建设一般规律和基本原则指导

一、企业文化建设的一般规律

（一）我国企业的企业文化建设应做到准确定位、科学推进、助力企业发展

企业文化是一个企业在长期生产经营过程中形成和发展起来的，是一个企业的生存方式和发展方式。企业发展实践是企业文化产生与发展的基础，反过来企业文化又对企业的发展发挥促进作用。企业文化是企业发展的精神动力和思想灵魂，在一定程度上反映了企业经营管理者和全体员工的文化素养和文化需求。企业文化建设的程度和水平，既与企业发展的阶段性直接相关，又与企业家的素质和职工的整体状况直接相联。而且，它的一个显著特点就是内生性，只有内在生长起来的文化，才能适应这个企业的需要，才能成为企业核心竞争力的组成部分，从而真正促进企业发展。企业文化建设可以学习借鉴，但不可以照搬；可以适当引导，但不可以超越阶段；可以积极创造，但不可以忽视企业职工的整体特点。

我国企业的企业文化建设应遵循"三个规律"。一是遵循企业文化形成和发展的基本规律，认清文化建设的长期性，做到统筹规划、分步实施，注重文化积淀，不断实现文化提升，建设优秀的企业文化也需要长期的培育过程。二是遵循企业成长的规律，认清文化建设与企业发展的内在统一性，做到从企业发展的阶段性特点和内在要求出发，去推进企业文化建设，既不能过于超前，又不能严重滞后，必须具有一定的前瞻性，同企业的组织结构、产业结构和发展战略的调整保持协调一致。

三是遵循文化育人的规律，坚持文化理念推行的系统性和长期性，做到因人因群体不同而采取相应的方法和措施，推进理念普及和文化育人。对于我国企业来说，必须把自主性原则与强制性原则结合起来，把正激励同系统灌输结合起来，积极营造浓厚的文化氛围，提高文化激励人、塑造人、培育人的效能。

（二）坚持"以人为本、注重市场规则"是企业文化建设的路径

坚持以人为本的科学发展观，是我国企业建设和发展有我国特色的先进企业文化必须遵循的基本原则。我国企业的企业文化建设必须把确立正确的以人为本、和谐发展原则作为一个重要任务，充分认清以人为本原则的前提性、历史性和整体性，并指导企业文化建设的具体工作，才能使企业文化建设取得实实在在的效果。

第一，要认清以人为本原则的前提性，把以人为本和以企为家有机统一起来。以人为本原则的价值原则是人的价值高于物的价值，人作为目的的价值高于人作为手段的价值。这一原则是对资本主义社会条件下普遍存在的人的异化状况的一种扬弃，是对物统治人、个体湮没在虚假集体之中状况的一种扬弃。它实现了由人仅仅是企业发展的手段，到成为既是企业发展手段，更是企业发展目的的一种提升，这一提升并没有否定人作为发展手段的价值。倡导以人为本必须同时倡导员工是企业发展的动力主体和责任主体，让他们成为企业发展的目的主体和利益主体。

第二，要认清以人为本原则的整体性，把个体利益实现程度与整体利益实现程度有机统一起来。在我国社会主义条件下，"以人为本"原则中的"人"既是一个个体性概念，也是一个整体性概念，"以人为本"不仅是要实现一个人、一个群体的发展，更是要实现全体人民的发展，实现各个群体在发展上的动态平衡；"以人为本"不仅是要实现人的一个方面的发展，更是要实现人的多方面发展，满足人的多方面需求。因而我们落实"以人为本"原则必须按照整体动态平衡的要求，既要解决个体的特殊问题，又要实现整体性发展。

（三）不断强化合同信用管理和提升企业品牌形象

我国企业要深刻地认识到"守合同重信用"是企业发展的根基，加强企业信用建设，塑造企业形象是公司发展的重要目标和抓手。守合同重信用是企业树立良好信用形象的基础。首先，我国企业从强化良好的信用意识环境入手，建立健全以讲信用为荣、不讲信用为耻的信用道德评价和约束机制，从机制上推动企业自觉形成"守合同重信用"的良好氛围。其次，强化员工的诚信行为。我国企业的员工，包括企业的高管层，都坚持按照诚信的要求做事，核心是提供诚信产品和服务，对企业的不诚信行为进行坚决的抵制并积极上报，做到不生产销售劣质产品、不污染环境、不提供虚假证明等。我国企业要坚持打造诚信文化，把明礼诚信作为员工的基本行为准则，大力提倡诚信、守信、公平竞争、讲信誉的优良风尚，要求人人争做讲信誉、守信用员工，让个体诚信带来更好的组织诚信。我国企业在企业文化建设

中大多已实施了CI（企业形象塑造）战略，这对提升企业自身形象起到了重要的作用。在推进CI战略的同时，应该及时导入CS（顾客满意）战略，使企业的形象塑造提升一个新的水平。

（四）为企业发展创造和谐的文化氛围

和谐是企业稳健、持续发展的基本保证。许多基业长青的企业都很注重企业内外部环境的和谐。注重外部和谐，就会使企业得到外部环境的保护和支持，使企业成为社会责任的承担者和友好者。保持内部和谐，就会使企业内部利益相关者感到公正、公平，从而维持合作关系，同心同德致力于企业的发展壮大。创造和谐的文化环境和氛围是落实科学发展观和创建和谐社会的基本要求，是人们企业文化建设的目标之一。

我国企业在今后的企业文化建设中应该把创造良好的文化生态摆在更加突出的位置，以构建"六种和谐关系"，即以"企业与员工、员工与员工、企业与企业、企业与社区（社会）、企业与环境、员工身体与心理之间的和谐关系"为核心，通过积极进行理念创新，确立和宣传体现构建"六种和谐关系"的发展观、合作观、环境观、生活观等价值观念；在合理界定社会责任的基础上，积极塑造企业良好的社会形象，加强心理文化建设，促进员工身心和谐发展等措施和途径，不断优化人际关系，建立良好公共关系，优化企业内外发展环境，促进企业和谐发展。

（五）认识企业文化的特性，确立经营"文化"的新视角

我国企业开展"经营"文化的工作，具体可从四个方面进行：第一，制定经营"文化"的长远战略，遵循文化发展的内在规律，确定中长期目标，从战略层面对本企业长期积累的文化资产进行经营。第二，可通过打造文化品牌，提升企业文化资产的价值。例如，在相关企业中把长期形成的"大庆精神""铁人精神""两弹一星精神""青藏铁路建设精神"等各具特色的企业精神打造成文化品牌，实现文化资产的保值增值。第三，开发具有企业特色的文化商品，通过具体的文化营销，实现企业文化资产的升值，包括开发体现企业文化个性的纪念章、纪念币、纪念邮票、企业歌曲、电视剧、网络游戏等。第四，培育宣传文化英雄，以此来提升企业文化资产的价值。从经营"文化"的视角看，王进喜、王启民、李黄玺、许振超等不仅是单个企业的劳动模范，更是这个企业的文化英雄，代表着我国国有企业广大员工的精神追求，也体现着一个个企业的个性文化。例如，王进喜是"创业文化"的代表，是大庆精神的人格化；王启民是新时代知识分子的代表；李黄玺是新时期知识工人的代表；许振超是"效率文化"的代表。从经营"文化"的角度，对他们所代表的文化不断进行解读和释义，不断进行培育和传播，就可以使他们所代表的文化不断增值。

（六）增强企业全体员工的共同行为能力

企业文化是全员性文化。文化建设的主体、文化践行的主体和文化育人的对象都是全体员工。提高企业全员的文化自觉是企业文化建设的一个目标，而使企业全员文化自觉的程度又决定着企业文化建设的成效。因此，提高企业全员的文化自觉是企业文化建设的一个关键环节。

我国企业今后的企业文化建设的一项重点工作应该在提高企业全员的文化自觉程度上下功夫，尤其是要着重在提高企业家的文化领导力和员工的文化执行力上下功夫。因为文化自觉程度低是当前中央企业在企业文化建设中存在的一个较为普遍的问题。具体表现为存在三种错误倾向，可概括为"三论。"一是单一主体论。即片面地认为企业文化就是企业家文化，因而往往是因领导人员的变动而使企业文化的核心内容也随之变化。实际上，企业家只是文化建设的领导主体，而不是单一的创建主体；是文化理念的主要设计者，而不是唯一设计者；是文化践行的先行者，而不是文化践行的基础主体。二是部门文化论。即认为企业文化建设和落实仅仅是企业文化部一个部门的责任，因而也就没有形成各部门各负其责、合力推进企业文化建设的工作格局和运行机制。三是与己无关论。这主要是存在于员工中的一种错误认识，即认为企业文化建设只是企业家的责任和工作，与自己没有任何关系，因而也就无法谈文化执行力的问题。

这三种错误倾向是我国企业在提高全员文化自觉上应该着力解决的问题。一是应探索建立全员创建体系，形成全员建设企业文化的局面。日常工作中，注重设计具有全员性特点的文化创新与培育活动，吸引员工广泛参与。二是应探索建立综合推进企业文化建设的运行机制。三是应探索解决文化与管理融合的问题，提高文化理念的制度化程度，使文化通过管理和制度发挥作用。四是应探索建立长效培育机制，把文化培训作为获得企业人资格、岗位任职资格等方面培训的重点，贯穿于自我成长过程中。要践行企业的社会责任，企业所承担的社会责任包括：遵纪守法、诚信经营、依法纳税、保护环境、构建企业内外和谐关系、积极参与慈善公益事业等。要以处理劳资冲突和环保问题为主，上升到实施企业社会责任战略，提升企业国际竞争力。

二、企业文化建设的基本原则

（一）整体性原则

整体性原则是企业文化建设中必须遵循的基本原则。贯彻这个原则要求人们在进行企业文化建设时，必须从企业整个系统出发，考虑到影响企业文化过程的各个变量，把企业文化建设与生产、经营和管理结合起来，以使企业行为的控制做到软硬结合、刚柔相济、和谐平衡。

首先，整体性原则是依据企业结构系统的复杂性而提出来的。企业是一个极其复杂的有序系统，既包含生产、经营和管理，也包括知识、技术和文化。企业文化仅是企业总系统中的一个子系统，它不仅依附于其他结构，而且能动地作用于其他系统。因此，进行企业文化建设，必须坚持整体性原则，从企业整体系统出发，把企业文化建设与生产、经营和管理结合起来，保证企业系统整体功能的发挥，防止顾此失彼、相互矛盾、冲突，以破坏企业系统内部的平衡。如果违背整体性原则，就企业文化谈论并建设企业文化，不仅使企业文化脱离生产、经营和管理，得不到支持和保证，而且使企业文化建设计划成为纸上谈兵，甚至"假大空"，更甚者可能干扰生产、经营和管理，导致消极的后果。

其次，整体性原则是依据影响企业文化过程变量的多样性和复杂性而确定的。影响企业文化形成、发展和变迁的变量是一个内外交错、相互制约的变量体系，不仅外在的社会经济、政治、文化给予企业文化以重大的影响，而且内在的发展战略、组织结构、规章制度及物资、设备、技术网络、信息等因素也对企业文化有重要影响。因此，在企业文化建设中必须坚持整体性原则，考虑整个变量体系的控制和操作，把内因与外因结合起来，可控因素与非可控因素结合起来，人为因素与自然因素结合起来，尽量使各种变量的影响作用统一起来，协调均衡地作用于企业文化建设过程，以防止顾此失彼、相互干扰、相互抵消作用现象的发生。如果违背整体性原则，只着力于控制和操作某个变量，仅围绕着某个因素做文章，不仅企业文化建设的收效甚微，迟迟没有进展，而且会损坏变量体系的协调、均衡，诱发出消极的阻抗作用。

最后，整体性原则是由企业文化自身结构的复杂性和多层性确定的。企业文化是由彼此相互联系的多种要素构成的整体结构。企业目标体现出价值观，而价值观服务和保证了价值目标；价值观规定人们的工作态度和行为方式，即工作作风，同时，工作作风又体现和支持价值观；"化风为俗"，工作作风影响着企业习俗和礼仪的形成；同样，习俗和礼仪、工作作风这种无形的东西变成了对人们的约束和规范。因此，在企业文化建设中必须坚持整体性原则，从企业文化整体结构着眼，考虑和处理好各构成要素之间的相互关系，发挥整个结构的功能，使它们协调发展，协同作用，把企业文化建设得有声有色、有言有行，并且言必行、行必果，防止思想与行为脱节、精神与实践背离现象的出现。如果违背整体性原则，只着眼于企业文化的个别要素，而忽视其他要素，则不仅无法积淀成真正的企业文化传统，而且可能造成只空谈或只追求外表的形式主义弊病。

（二）发展个性原则

发展个性原则是企业文化建设的主要原则。贯彻这个原则要求人们从企业实际出发，走适合自己企业情况的企业文化建设道路。大力培养和发展企业文化的特色，塑造与众不同的文化性格。

建设企业文化同做任何事情一样，必须从实际出发，实事求是，才能取得理想的效果。企业与企业之间，由于形成发展的历史不同，生产任务和产业性质不同，生产经营规模、技术装备特点不同，人员构成及素质不同，所处地理自然环境和社区人文环境不同，自然就形成相互的区别、各自的特色，铸成了与众不同的个性。所以说，每个企业都是一个特殊矛盾构成的特殊实体，世界上恐怕找不到两个完全相同的企业。因此，企业文化建设也不应该是同一模式、同一起点、同一过程、同一实施方案和方法，应该保持其相对独立性和特殊性。

企业文化作为观念形态，只是企业实体的反映。反映者必须符合被反映者，才是正确的、有价值的。如果企业文化远离开所反映的企业实体，与企业的特点、个性风马牛不相及，那就失去了存在的基础，从而也就丧失了存在的价值，枯竭了生命力的源泉。因此，只有大力培养和发展企业文化的个性，塑造企业的文化性格，才能发挥企业文化的作用，并使它获得生存发展的强大动力源泉。

国内外优秀企业文化，都是具有鲜明个性特色的文化。人们就是根据这种个性特色，把一个个优秀企业检索出来，并与其他企业区别开来。国内外企业文化建设的经验表明，那种只有共性，没有个性，没有自己独特风格的企业文化，是没有生命力的。因此，优秀的企业家都着力培养自己企业的文化个性。

发展企业文化个性，与企业应当具有文化方面的共性是不矛盾的。企业文化作为一种经济文化，总具有文化上的共同特征。同一社会环境中的各个企业，总刻有该社会文化的共同印记，这就是所谓的企业文化共性。但是，共性寓于个性之中，一般寓于特殊之中。没有企业文化个性，便没有企业文化的共性；没有企业文化的特殊性，也不会有企业文化的一般性。任何一个企业，即使是接受一种具有极大普遍性的先进企业文化，也必须经过自己的吸收、消化，融合为自己的文化个性，才能说它在文化上具有了某种先进性，不把先进企业文化的特质融合为自己的文化个性，它就不会具有先进的文化共性。因此，无论学习国外的企业文化建设经验，还是学习国内先进企业文化建设经验，都要坚持从实际出发、实事求是的原则，大力发展本企业的个性，保持和发扬本企业的特色风格，善于把别人的经验融合为自己的个性，以丰富自己个性的内涵和内容；而不应该图虚名，赶时髦，脱离企业的实际，照搬照抄别人的口号和模式，甚至弃长学短，遏制自己企业文化个性的发展。

（三）博采众长原则

博采众长原则是在企业文化建设中，选择、借鉴和融合别的企业文化的一个重要原则。贯彻这个原则要求人们以开放的、分析批判的态度对待别的企业文化，既要做到大胆开放、积极吸取；又要做到认真鉴别，分清优劣长短，有选择地吸收，取人之长补己之短，丰富、完善自己的企业文化。

企业文化建设过程是一个企业文化发展、积累、融合和变迁的过程。尤其在社会大转型时期，社会文化正经历着变迁，每个企业实际上都面临着一场不以人们主观意志为转移的文化选择。这就要求人们以积极、大胆的态度，主动把企业大门打开，扩大企业文化信息来源，自觉促进旧文化与新文化的接触和融合，加速旧有文化的变形、转化。这就要求人们积极借鉴国内和国外优秀企业文化建设的经验，吸收别的企业文化长于和优于自己的地方。在深化改革扩大开放的历史条件下，如果无视社会文化环境的急剧变化，还想把企业文化的大门紧紧关闭起来，搞自己的企业文化建设，那么不仅是徒劳的，而且是无益有害的。

当然，大胆开放，积极吸收，绝不意味着盲目地对待别的企业文化，尤其是国外的企业文化。对别的企业文化应当做到有选择地借鉴和吸收。不做选择，盲目吸收，只能危害企业文化建设。选择的前提是判断和评价，即分清辨明别的企业文化的优劣、利弊、长短。只有分清别的企业文化的精华与糟粕，才能作出有效而正确的借鉴和选择。因此，在开放、选择的过程中，坚持分析、鉴别，甚至批判的态度是十分必要的。

分析包括对自己企业文化利弊的分析。对自己企业文化缺乏分析，自己的长处弃之不用而一味地学习别人的东西，甚至丢了自己的优势和优良传统而专门拣别人的糟粕向自己企业文化中灌注，这些做法是不值得效仿的，应该加以反对。"知己知彼，百战不殆""发扬优势，扬长补短"。在企业文化建设中也应该采取这种态度。只有采取这种态度，才有希望补充、完善、丰富自己的企业文化，使之成为一种在激烈竞争中立于不败之地的强大的企业文化。

（四）渐进性原则

渐进性原则是在推进企业文化建设进程中必须遵循的一个原则。贯彻这个原则要求人们对待企业文化建设持战略眼光、久远观点，面向未来，从长计议，做到态度积极，头脑冷静，步子稳妥，措施扎实，防止急功近利、一蹴而就的不良倾向。

企业文化形成、发展过程，是一个长时间的文化积累的过程。新文化特质不经过长时间的积累，不获得全体成员的认同和经验的支持，便确定不下来。同样，旧文化特质不经过长时间的冲突、筛选，甚至经过必要的斗争，也不会简单地被淘汰。文化有很强的"惰性"和滞留性。文化的弃旧图新比物质产品更新换代和装备技术改造创新要缓慢很多、困难得多。人们可以鼓足干劲，顽强拼搏，在一定的时间内改变物理环境和自然环境，却不可能用这种方式改变人文环境和精神环境。改变人文环境和精神面貌，更需要人们的耐心和长期行为。因此，建设一种新的企业文化，改变已有的旧文化，需要人们有长远观点，采取循序渐进的方式，把工作做扎实、做深入、做细致。"欲速则不达"，急功近利，急于求成，即使形成了新文化，也会造成其结构本身的欠缺。

一种结构完备的企业文化，是以价值目标为追求，以价值观为核心，以企业作风为纽带，以习俗礼仪为体现，以传统形式而存在的复杂结构。不论是给企业注入一种新的文化特质，或是给企业选择一种新的文化模型，都要经由从价值目标和价值观向人们行为习惯的转化；都要经由从少数人提出的价值观向每个团体、每个价值体系的转化。不完成这两个转化，就不能认为企业获得了新文化。而要完成这两个转化，使价值观在普通员工头脑里扎根，在工作行为中开花、结果，绝不是一蹴而就、简单容易的事情。转化是一个复杂的过程，它不仅要求改变人们的认识，而且要求改变人们的风俗习惯，实现移风易俗。列宁说过："千百万人的习惯势力是一种可怕的势力。"习惯是人们态度和行为的定式，具有极大的"惰性"和对新的行为方式的阻抗性。一种旧习惯完全可以歪曲和阻碍一种新的价值观的传播和扩散，使之成为虚无缥缈的空洞无物的口号。在许多企业里，"企业精神"的表述仅作为人们使用的一种口号，而同广大员工的思想、情感、意志和行动完全不发生联系。这种"企业精神"，没有实现向人们行为及其习惯的转化，因而，不能被看作那些企业的文化的一部分。这些口号也可能是以极庄重的形式提出来的，但由于没有被广大员工所认同，所以很可能在企业内外情境的变换中，一夜间就变得荡然无存。因此，建设新文化，改变旧文化，都需要付出长时期的努力。不经过五六年，甚至更长时间的培养和灌溉，根深叶茂的企业文化之树就不可能在企业大地上生长。

国内外著名企业的企业文化都是在漫长的创业过程中点点滴滴地积累起来的。鞍钢的"鞍钢宪法"和"孟泰精神"，大庆油田的"两论"起家、"三老、四严"作风和"铁人精神"，中国国际航空公司的"永不休止地追求一流"的企业精神，中国新兴建设开发总公司的"自强不息、永争第一"的精神，芜湖港的"两超"精神，军工企业的"两弹一星"精神、"神五"精神、"神六"精神等，都是集十多年、几十年艰苦卓绝的努力，一步步培植、树立起来的。松下幸之助毕生都在向他的松下公司员工灌输自己的创业思想、经营哲学和"松下精神"。松下公司的企业文化是经过半个世纪漫长历程而逐步形成、完善起来的。

（五）积极强化原则

积极强化原则是在培养、发展企业文化性质过程中必须遵循的一个原则。贯彻这个原则，要求企业组织及团体的负责人用正面激励的方式强化员工接受、认同企业文化新质的取向，最大限度地调动员工参与企业文化建设的积极性和创造性，千方百计地促进消极因素向积极方面的转化、阻力向动力方面的转化。

建设企业文化同做任何事情一样，都需要动员广大员工积极参与。企业文化是整个企业的文化；企业文化建设涉及每个员工的思想和行为。没有广大员工的积极参与，只是少数领导人忙忙碌碌，企业文化建设是断然搞不好的。实践证明，只有广泛动员群众，每个普通员工都关心企业文化建设及其指导思想、构想、方案和办法，企业文化建设事业才能搞得有声有色、卓有成效。

企业员工中蕴藏着极大的参与积极性。他们普遍关切企业的前途和命运，期待着企业兴旺发达，长盛不衰；普遍关心自己的工作和生活环境，不仅期望工作物质条件的改善，而且十分渴望有一个良好和谐的人文环境；除了关心企业的物质技术素质之外，还关心企业组织文化素质的提高；喜欢接受新观念，总是以新的眼光对比、审视本企业的方方面面。有许多员工还经常不断地创造、发明一些新的观点，倡导某种新的工作作风，并且勇于超越旧的习俗和礼仪，成为旧的企业文化的挑战者。无数事实表明，那种认为我国企业员工只关心物质利益，不重视精神价值，缺乏参与企业文化建设积极性的观点，是不符合员工实际的，是没有充分根据的。

那么，如何发挥员工的积极性，不断强化员工参与的意向和动机呢？优秀企业的经验表明，积极强化的效果优于消极强化。所谓积极强化又叫正面强化，指的是用满足员工需要的方式，使员工获得积极肯定的体验，并以这种情感体验导向产生组织期望的行为过程。人的任何行为都是在寻求满足，满足是一种积极肯定的情感体验。人们由于某种行为而获得满足，就会为获得满足而重复他先前的行为。这样，追求满足强化了人们的行为。因此，企业组织和团体，要强化员工积极参与的意向和动机，调动他们在企业文化建设中的主动性、积极性和创造性，就要多用积极强化的方式，如运用奖励、表扬、赞许、承认等方式，以使员工获得积极的情感体验。可是，一般在企业文化建设中，人们并不善于使用积极强化手段，而自觉或不自觉地诉诸消极强化手段，如惩罚、批评、点名等。因为推行一种新的价值观，倡导一种新的作风，往往会遇到旧价值观和消极作风的阻力。因此，很容易把组织及团体的注意力吸引到员工的消极方面去，导致组织的消极强化取向，期望通过恐怖、羞辱等体验，阻止人们的抵抗，从而产生与组织期望相符的行为。消极强化，如果在员工体力活动领域内还部分适用的话，那么在精神活动领域内就完全失去了价值。新的价值观不能强迫人们接受。强迫只能使人们表面符合，而不能产生灵魂深处的认同，更不能使组织倡导的价值内化为员工个人的深层人格。因此，在企业文化建设中，传播、扩散文化新质，促使员工接受、认同，只能运用积极强化手段。积极强化是企业文化价值观个人化的唯一手段。

诚然，企业员工也确实存在某些消极因素的现象。有些员工存在的弱点、缺点和错误，如不加以克服，确实会干扰企业文化建设，会挫伤广大员工的积极性。但是，在落后的员工及其小群体中，总会有些优势和积极因素。"长善救失"，化消极因素为积极因素，变阻力为动力，正是积极强化的应有之义。因此，积极强化也包括对那些落后的员工及小群体实行正面引导，增强积极体验，形成共识和同感。只有把消极因素融化为积极因素时，强大的企业文化才称得上真正建立起来了。

（六）由上而下原则

贯彻由上而下原则，要求企业上层组织及其领导人加强对企业文化建设的领导，并且要以自己的模范行为，带动基层组织及广大员工，同心同德、步调一致地进行企业文化建设。

企业文化建设是关系企业组织全局性的工作。整个组织只有上下一致，才能搞好这项工作。如果上下之间认识不一致，相互矛盾、冲突，不仅不会建设好企业文化，还会把企业搞乱，贻误生产经营。经验表明，搞企业文化建设，不能搞自下而上的运动，而只能采取由上而下、有组织、有领导、有计划的活动。

由上而下地进行企业文化建设，关键在上层。上层成员对企业文化建设目的和意义的认识，对企业文化建设的真实态度和意向，对企业倡导的价值观、作风和行为方式的忠诚程度，直接影响基层组织及广大员工群众。企业文化建设搞得好、进展顺利、效果显著的企业，都是从企业最高层面上先动起来的。企业的高层动起来了，整个企业也就搞起来了。相反，若企业高层不动，或者只是口头上号召基层进行企业文化建设，而自己却缺乏应有的认识和热忱，那么，基层组织及广大员工的积极性必然受到挫伤，企业文化建设也只能冷冷清清，毫无起色。

高层组织成员的核心是企业的最高领导人。毫无疑问，领导人在企业文化建设中负领导责任。在领导文化问题上，最有意义的不是企业家的宣言和口头承诺，而是他以身作则的楷模作用。"榜样的力量是无穷的。"企业家只有以自己的实际行动，表明自己忠实于组织的价值观，表明自己接受组织领导的工作作风，他的宣言和承诺才具有真实的感召力。如果领导人真正做到"凡是让员工做的，自己首先带头做好；凡是不让员工做的，自己首先带头不做"，那么就能胜任企业文化建设工作的领导，能带领广大员工搞好本企业的文化建设。如果企业领导人只是坐而论道，空发议论，不践行自己倡导的价值观念和工作作风，甚至教别人做的是一套，自己做的却是另一套，这样的企业不可能形成优秀的企业文化。

企业文化，从某种意义说，是领导文化的企业化。有什么样的领导人，领导人有怎样的文化品格和素质，就会有什么样的企业文化。企业文化就是企业领导人人格的扩大化，就是企业领导人价值观、理想、信念、作风和习惯，向企业组织及广大员工的传播、扩散和潜移默化。唯有优秀的企业家，才能培植出优秀的企业文化。因此，企业领导人要成功地领导企业文化建设，就必须严于律己，加强文化修养，并不断地进行自我思想观念的破旧立新，处处做群众的表率。

第二节　企业文化建设的步骤和方法

一、企业文化建设的步骤

（一）企业文化分析

建设企业文化关键在于量体裁衣，建设适合本企业的文化体系，达到这一目标的大前提就是要深入分析企业文化的现状，对企业现有文化进行一次调查，对企业文化进行全面了解和把握。当一个企业尚处在创业阶段时，需要了解创业者的企业目标定位，如果是已经发展了一段时间的企业，需要了解企业发展中的一些问题和员工广泛认同的理念。

常用的一些调研方法主要包括访谈法、问卷法、资料分析法、实地考察法等。可以是自上而下、分层进行，也可以是大规模一次进行，这取决于企业的规模和生产特点。企业文化的调研，其实也是一次全体员工的总动员，因此，最好是在开展工作之前，由公司主要领导组织召开一次动员大会。在调研期间，可以采取一些辅助措施，比如，建立员工访谈室、开设员工建议专用信箱等，调动员工的积极性，增强其参与意识。企业文化建设是全体员工的事情，只有员工乐于参与、献计献策，企业理念才能被更好地接受。

企业文化的调研要有针对性，内容主要围绕经营管理现状、企业发展前景、员工满意度和忠诚度、员工对企业理念的认同度等方面。一些企业内部的资料往往能够反映出企业的文化，可以从企业历史资料、各种规章制度、重要文件、内部报刊、公司人员基本情况、先进个人材料、员工奖惩条例、相关媒体报道等方面获得有用信息。为了方便工作，最好列一个清单，将资料收集完整，以便日后查阅。

在企业文化的调研当中，匿名问卷形式比较常用，它可以很好地反映企业文化的现状和员工对企业文化的认同度。人们可以根据需要设计问卷内容，设计原则是调查目标明确、区分度高、便于统计。对有价值观类型的调查，又不能让被调查者识破调查目的。

（二）企业文化设计

企业文化是一个有机的整体，它包括精神层（理念层）、制度层和物质层，它包含了CI体系的全部内容，既有理念系统，又有行为系统和视觉识别系统。理念层的设计要本着以下原则：历史性原则、社会性原则、个异性原则、群体性原则、前瞻性原则和可操作性原则。制度层和物质层设计要本着与理念高度一致的原则、系统完整性原则和可操作性原则。

1. 企业理念层的设计

企业文化设计中最重要的是企业理念体系的设计，它决定了企业文化的整体效果，也是设计的难点所在。理念体系一般来讲包括以下方面：企业愿景（或称企业理想）、企业使命（或称企业宗旨）、核心价值观（或称企业信念）、企业哲学、经营理念、管理模式、企业精神、企业道德、企业作风（或称工作作风）。企业制度层主要是为了贯彻企业的理念，日常管理的每一项制度都是企业理念的具体表现，同时，有必要针对企业理念的特点制定一些独特的管理制度，尤其是在企业文化的导入期十分必要。物质层的设计主要包括标识设计、服装设计、办公用品设计等，核心是企业标识和企业标识的应用设计，这些设计都要为传达企业理念服务。

企业理念是企业的灵魂，是企业持续发展的指南针。企业理念中的各个部分有着内部的逻辑性，设计时需要保持内部的一致性、系统性。企业愿景描述了企业的奋斗目标，回答了企业存在的理由；企业哲学是对企业内部动力和外部环境的哲学思考；核心价值观解释了企业的判断标准，是企业的一种集体表态；企业经营理念回答了企业持续经营的指导思想；企业精神体现了全体员工的精神风貌；企业作风和企业道德是对每一位员工的无形约束，所有内容相辅相成，构成一个完整的理念体系。

2．企业制度层的设计

企业制度层的设计主要包括企业制度设计、企业风俗设计、员工行为规范设计，这些设计都要充分传达企业的理念。

企业制度指工作制度、责任制度、特殊制度。这些制度既是企业有序运行的基础，也是塑造企业形象的关键。所谓特殊制度，是指企业不同于其他企业的独特制度，它是企业管理风格的体现，比如，"五必访"制度，在员工结婚、生子、生病、退休、死亡时访问员工及家属。

企业风俗的设计也是不同于其他企业的标识之一，它是企业长期沿袭、约定俗成的典礼、仪式、习惯行为、节日、活动等，例如，三一集团每天早上都按照部门分组在办公楼前做早操，早操后还会组织员工参加升国旗仪式；平安保险公司每天清晨要唱"平安颂"。

员工行为规范主要包括：仪表仪容、待人接物、岗位纪律、工作程序、素质修养等方面。好的行为规范应该具备简洁、易记、可操作、有针对性等特点。

隶属于企业文化制度层的，还包括与企业文化有关的其他活动，这主要有以下六类。

（1）运营类活动

企业的运营类活动主要是服务于生产经营的，但有些活动也和企业文化有关，比较典型的有ISO认证、质量圈活动、安全生产活动等。这些活动可以强化员工的质量意识、安全意识，其主题本身同时也是企业的文化理念。

（2）文化艺术活动

这类活动常见的形式有歌咏、联欢、书画、摄影和演出等，这些是企业经常开展的一类活动，但和企业文化的关系比较弱，其娱乐性的功能价值大于企业文化传播价值。企业要发挥其文化传播功能，就需要根据企业文化的要求设计活动主题，并选择与主题一致的活动形式和内容。

（3）专业性活动

这类活动是和员工的技能提升有关的，典型的形式有岗位练兵、技术比武和技能大赛等。和运营类活动相似，这类活动的主要目的虽然不在于企业文化，但也可传播文化理念，如专业、竞争、追求卓越和个人发展等。

（4）政治性活动

政治性活动是国有企业特有的，其他性质的企业很少见到，其主要形式是党员的学习教育，如保持党员先进性、科学发展观、创先争优等。这类活动对追求卓越、团队、奉献、廉洁等文化理念有传播作用。

（5）体育活动

这也是企业开展比较多的活动，如篮球、足球、乒乓球、拔河、跳绳、登山等都是企业员工喜闻乐见的体育项目。开展体育活动的主要形式包括组建俱乐部、举办比赛、召开运动会等，这类活动可以强化团队、竞争、争创一流等文化理念。

（6）公益性活动

这类活动所体现的主要是企业对社会责任的重视，有的企业也通过公益性活动宣扬关心、友爱、平等等思想，主要形式包括捐款捐物、义务劳动、支教、志愿活动等。

3．企业物质层的设计

这主要是指企业标识、名称以及其应用的各类象征物。企业的名称和标识如同人的名字一样，是企业的代码，设计时要格外慎重。清华同方的名称来源于《诗经》的"有志者同方"，简明易记。企业标识则是企业理念、企业精神的载体，企业可以通过企业标识来传播企业理念，公众也可以通过标识来加深企业印象。同时，企业标识出现的次数和频度，直接影响社会公众对该企业的认知和接受程度，一个熟悉的标识可以刺激消费欲望。如果把企业理念看成企业的"神"，那么企业标识就是企业的"形"，它是直接面对客户的企业缩影，因此，在设计和使用上要特别关注。

（三）企业文化实施

企业文化实施阶段，实际上也是企业的一次变革，通过这种变革，把企业优良的传统发扬光大，同时，纠正一些企业存在的问题：最早提出有关组织变革过程理论的是勒温，该模型提出组织变革三部曲：解冻—变革—再冻结，可以说这一模型也反映了企业文化变革的基本规律。一般来讲，企业文化的变化与实施需要有导入阶段、变革阶段、制度化阶段、评估总结阶段。

导入阶段就是勒温模型的解冻期，这一阶段的主要任务是从思想上、组织上、氛围上做好企业文化变革的充分准备。在此阶段内，要建立强有力的领导体制、高效的执行机制、全方位的传播机制等几方面的工作，让企业内部所有人认识到企业文化变革的到来。为了更好地完成这一阶段的工作，可以建立领导小组来落实，设立企业文化建设专项基金来开展工作，在人力、物力上给予支持。

变革阶段是企业文化建设工作的关键，在这个阶段内，要全面开展企业文化理念层、制度层、物质层的建设，即进行由上而下的观念更新，建立、健全企业的一般制度和特殊制度。形成企业风俗，做好企业物质层的设计与应用。这一阶段可谓是一个完整的企业形象塑造工程，中心任务是价值观的形成和行为规范的落实，至少要花一年的时间。

制度化阶段是企业文化变革的巩固阶段，该阶段的主要工作是总结企业文化建设过程中的经验和教训，将成熟的做法通过制度加以固化，建立起完整的企业文化体系。在这一阶段，企业文化变革将逐渐从突击性工作转变成企业的日常工作，领导小组的工作也将从宣传推动转变成组织监控。这一阶段的主要任务是建立完善的企业文化制度，其中应包括企业文化考核制度、企业文化先进单位和个人表彰制度、企业文化传播制度、企业文化建设预算制度等。这一阶段常见的问题是新文化立足未稳、旧习惯卷土重来，尤其对于过去有过辉煌经历的企业，往往会坚持旧习惯，这一点要求管理者做好足够的思想准备。

评估总结阶段是企业文化建设阶段性的总结，在企业基本完成企业文化建设的主要工作之后，总结评估以前的工作，对今后的企业文化建设具有十分重要的作用。评估工作主要围绕我们事先制定的企业文化变革方案，检查人们的变革是否达到预期的效果，是否有助于企业绩效的改善和提高。总结工作还包括对企业文化建设的反思，主要针对内外环境的变化，检查原有假设体系是否成立，具体的工作方法主要是现场考察、研讨会、座谈会等。

二、企业文化建设的基本方法

企业文化建设是一项系统工程，其方法多种多样，因企业而异。企业要善于根据自身的特点，具体问题具体分析，结合实际，综合运用各种方法，有效地建设本企业的文化。

（一）文化培训法

培训是企业文化建设最常用的方法之一，企业不仅可以通过专门的企业文化培训促进企业文化落地，也可以在数量更大的其他培训中融入企业文化。企业结合员工的岗位、性质、特点和需要，进行企业文化培训，可以使员工在文化素质和专业技能得到提高的同时，对企业的历史、沿革、传统、信条、宗旨和价值观念、行为规则等有一定的了解和掌握，为企业文化建设与发展奠定基础。运用文化培训法要注意从以下几个方面入手。

1．培训政策与企业文化

企业培训政策规定了培训预算、培训时间和培训资助方式等，其具体内容能反映企业的文化理念。如果培训经费投入多、人均培训时数多、对员工自行参加的培训资助力度大，则说明企业重视人力资源开发，这是以人为本的体现。例如，在美国联邦快递公司，即使一线的速递员，每年也可享受50个小时的培训；工龄在6个月以上的员工每年都可以申请2500美元的"学费资助"，这个数目全球统一，并且没有任何附带条件，包括不会要求员工续签加长工作年限的合同，只要是和提高业务水平有关的进修，员工都可以自由选择用这笔资助来支付。波特曼丽嘉酒店保证每个员工每年有150个小时左右的培训时间；我国三一集团的培训经费甚至上不封顶。国务院法制办2009年公布的《职业技能培训和鉴定条例（征求意见稿）》规定："用人单位应当按照职工工资总额的1.5%～2.5%提取职工教育培训经费"；"用人单位用于一线职工教育培训的经费不得低于本单位职工教育培训经费总额的70%"。如果企业在培训上的投入不能达到这样的标准，就很难说该企业的文化是以人为本的。

2．培训课程与企业文化

所有的培训课程都应和企业文化有关，企业需要明确每一门培训课程与企业文化的具体关联，以在培训项目中宣传、讨论企业文化。例如，领导力培训和所有的文化理念都有关；拓展训练可以强化团队精神、竞争观念；销售、服务技能的培训和人本观念、顾客观念有关；安全、质量方面的培训除了其固有的主题外，也和人本观念、顾客观念有关。事实上，企业开展的任何一门培训课程在传递一种或几种关系最直接的文化理念的同时，也可以宣传其他的理念，即使那些纯技术性的培训，也可以通过分析"为什么要掌握和运用这些技术"而建立起技术和文化之间的联系。很多优秀企业都通过课程设计将企业文化的核心理念渗透到所有的培训项目中。例如，惠普公司的所有培训项目中都至少有1/3的时间用来讨论该培训与惠普之道的关系，美国西南航空公司在所有的培训中都会强调团队精神。

企业在培训课程开发上有一项基础工作——编写反映本企业成功经验和失败教训的案例，案例的主角既可以是个人，也可以是团队甚至整个企业。本企业案例不仅能提供最实用的经验教训，而且可以提供最生动的企业文化体验。

3．培训师资与企业文化

企业的培训师资有外请和内部两个群体。与外请师资相比，内部师资有很多优势，其中之一就是他们熟悉企业的历史和现状，对企业文化有深刻体会。这使得他们在培训过程中能更主动、准确地传播企业文化，培训效果也更好。因此，企业有必要制定内部师资选拔和任用办法，用以选拔合适的人员充实到内部师资队伍，并对入选师资队伍的人员提供系统的培训。除培训方法、沟通技巧这样的技能型课程外，企业也要对他们进行专门的企业文化培训，帮助他们把企业文化融入自己的课程。

4．培训合作伙伴与企业文化

任何企业都不可能自行完成所有培训，部分培训项目需要交由专业机构完成。企业在选择培训的合作伙伴时，不仅要考察对方的专业水平，而且要考察其企业文化，包括合作机构的文化和培训师个人的特点。如果对方的企业文化或个人特征和本企业的文化有明显冲突，一定要另选其他机构和培训师。

（二）宣传教育法

宣传教育法是建设企业文化的基本方法。企业只有通过完整系统的、长期的、多形式、多层次、多渠道的宣传教育，形成强烈的企业文化氛围，才能把企业文化转化为员工的自觉意识，成为企业和员工行为的指南。

进行企业文化的宣传教育，是企业文化实践工作的第一步，目的在于在企业中形成一个浓烈的舆论气氛，让员工在耳濡目染、潜移默化中接受企业倡导的价值观，并指导自己的行为。宣传的方式和手段有以下几种。

1．进行企业史教育

向新员工介绍企业的优良传统、道德风尚和价值准则，了解企业的发展历史，增强员工对企业的荣誉感、自豪感和责任感。

2．编辑出版

编辑出版企业文化简讯、刊物、纪念册等，将企业文化内容体系向员工灌输，向社会传播。

3．员工学校传播企业文化

大型企业可以办企业员工大学或员工学校，大张旗鼓地宣传企业的特点、风格和企业精神，激发员工的工作热情。

4．会议宣传企业文化

通过各种会议对员工宣传企业文化，如举办读书会、演讲会、茶话会、对话等形式，沟通企业内部经营管理信息，增进员工对企业的了解，使员工理解企业的政策与行为，参与企业事务。

5．开展各项活动

如在企业内部召开多层次的企业文化研讨会、开展丰富多彩的文娱体育活动、企业精神训练活动等，寓企业文化教育于丰富多彩、生动活泼的业余文化体育活动之中，使员工在参与这些活动的过程中陶冶情操，提高文化修养。

6．加强一般员工间的互相影响

由于企业里数量最多的是一般员工，和一个人关系最密切、共处时间最长的人也是他们的同事，因此，员工间的互相影响对企业文化落地的影响不可小视。企业可以采用的具体做法有以下五种：一是邀请在践行企业价值观方面表现突出的员工担任新员工的指导人，对他们的指导工作提出具体要求并提供方法、技巧和资料方面的支持；二是发掘普通员工在践行企业价值观方面的典型事例，及时予以宣传表彰；三是在对企业文化落地的效果开展评估时按部门、团队进行统计，对有问题的团队及时采取加强培训、调整人员等对策；四是对员工践行企业价值观提出明确要求，督促员工经常检讨自身行为，并不断改进；五是了解员工中非正式群体的动向，对那些和企业目标一致的非正式群体给予支持，对那些和企业目标不一致的非正式群体加以疏导。

（三）典型示范法

典型示范法，就是通过树立典型、宣传典型人物来塑造企业文化。所谓典型人物，是指企业员工中最有成效地实践企业文化的优秀分子。所树立的典型，既可以是企业的领导人，也可以是企业的普通员工，而且普通员工典型往往更具影响力。典型人物就是企业价值观的化身，树立他们的正面形象，给广大员工提供值得效法和学习的榜样。看一个企业推崇什么、赞赏什么，从它所树立的典型人物的行为中即可判断出来。典型人物在其事迹中表现出来的精神、意识，正是企业文化倡导的内容。

利用正面树立典型和英雄模范人物，把企业倡导的价值观具体化、形象化，是我国企业文化建设的成功经验。王进喜、孟泰等，就是不同时代塑造的最能代表其企业精神的榜样。

企业运用典型示范法塑造企业文化关键在于典型人物的造就。一般来说，企业典型人物是在企业经营管理实践中逐步成长起来的，但最后作为楷模出现，需要企业组织认定、总结、倡导和宣传。典型人物是本身良好的素质条件、优异的业绩条件与企业"天时、地利、人和"的客观环境形成的催化力共同作用的结果。因此，企业在造就典型人物时，一要善于发现典型人物。即善于发现那些价值取向和信仰主流是进步的、与企业倡导的价值观相一致的、具备楷模特征的优秀员工。二要注意培养典型人物。即对发现的典型人物进行培养、教育和思想意识的理论升华，并放到实践中锻炼成长。三要肯定宣传典型人物。即对在实践中锻炼成长起来的有优异业绩、有广泛群众基础的典型人物以一定的形式加以肯定，总结其先进事迹，并积极开展宣传活动，进行广泛的宣传，提高其知名度和感染力，最终为企业绝大多数员工所认同，发挥其应有的楷模作用。四要保护典型人物。即制定鼓励先进、保护典型人物的规章制度，伸张正义，消除企业内部对先进人物嫉妒、讽刺、挖苦、打击等不良倾向。需要指出的是，对企业典型人物进行宣传必须实事求是，不要人为地进行拔高，给先进人物罩上一层神秘的光环，使一些先进人物变得不可信。在宣传和发挥典型人物的作用时，应给予典型人物必要的关心和爱护，为他们的健康成长创造良好的环境和条件。

（四）环境优化法

环境与人是密切相连的，人能造就环境，环境也能改造人。按照行为科学和心理学重点，优化企业的向心环境、顺心环境、荣誉感环境，是企业文化建设的重要方法。现代心理学认为，共同的生活群体能产生一种共同的心理追求，这种心理追求一旦上升为理论并被群体成员所公认，就会产生为之奋斗的精神。这种精神就是人们赖以生存与发展的动力。一个企业也是这样，也需要有一个蓬勃向上的指导企业整体行为的精神，从而把员工的生活理想、职业理想、道德理想都纳入企业，甚至社会的共同理想的轨道上来。

这种能使企业员工产生使命感、并为之奋斗的精神状态，称为"向心环境"。理想的价值观念也只有在这种向心环境中升华，才能使企业产生向心力和凝聚力。

1．建设向心环境

这需要在共同理想的目标原则下，根据本企业的发展历史、经营特色、优良传统、精神风貌，去概括、提炼和确定企业的精神目标，再把精神目标具体融化在企业管理之中，使企业经营管理与思想政治工作融为一体，变成可操作的东西，使员工产生认同感，唤起他们的使命感。例如，一些人认为，发展市场经济和为人民服务是对立的，根本无法结合，但许多经营成功的企业都从实践上回答了这个问题，即市场经济与为人民服务可以融为一体。如商贸企业能给顾客以真情实意，处处为顾客着想，这种思想和行为就是市场经济条件下为人民服务的生动体现。任何一个企业，越能为顾客着想，越关心和尊重顾客，越满腔热情地为顾客服务，就越能得到顾客的信赖，从而企业的经济效益也就越高，员工的物质利益也就越能得到保障，企业的向心力和凝聚力就越强。因此，造就团结奋斗的向心环境，就能使员工的理想在向心环境中得以升华，成为力量的源泉、精神的支柱。

2. 创造顺心环境

创造顺心环境的目的是开发动力资源。人的才智和创造力是一种无形的、内在的动力资源，在环境不符合的条件下，一般常以潜在的形态存在，只有在心情处于最佳状态时，才能焕发出充沛的精神活力，所以企业文化建设成效，往往来自一个团结、和谐、融合、亲切的顺心环境。企业顺心环境的建设，非常重要的环节是企业在管理工作过程中，要善于"动之以情，晓之以理，导之以行"。不仅要关心员工对衣、食、住、行等基本层次的需要，更重要的是注意引导员工对高层次精神方面的需要。经常从生活上关心员工，体察员工的疾苦，解决员工的困难，营造企业大家庭的文化氛围，增强企业大家庭的温暖等。只要企业领导者和管理者身体力行，员工当家作主，和谐融洽、团结宽松的顺心环境一旦形成，员工的工作就会充满意义，生活充满乐趣，就会为振兴企业释放出内在的光和热。

3. 营造荣誉感环境

通过营造荣誉感环境，激励高效行为。行为科学认为，人的行为分为低效行为和高效行为。荣誉感环境是消除低效行为、激励高效行为的重要因素。精明的企业领导者，总是在创造一个以多做工作为荣、以奉献为荣、以整体得奖为荣的心理环境上下功夫，以降低和消除人们的低效思想行为，保持群体蓬勃向上的精神活力。

企业要创造良好的荣誉感环境，就先要有荣誉感意识，要通过各种途径培养员工对企业的归属感和荣誉感。首先，要树立"厂兴我荣，厂衰我耻"的荣誉感和为企业争光的主人翁责任感；其次，要注意宣传企业的优秀传统、取得的成就和对社会的贡献，不断提高企业的知名度和美誉度，塑造企业良好的社会形象；再次，要尊重员工的劳动，及时而充分地肯定和赞扬企业员工的工作成绩，并给予相应的荣誉和奖励，使员工感到企业能理解、关心他们；最后，要勇于打破企业内部所存在的消极平衡的心理状态，使员工有榜样，有目标，不断强化他们的集体意识和进取意识，造成争先恐后、比学赶超、开拓进取、奋发向上的良好局面。

（五）全面激励法

所谓激励，就是通过科学的方法激发人的内在潜力，开发人的能力，充分发挥人的积极性和创造性，使每个人都切实感到力有所用，才有所展，劳有所得，功有所奖，自觉地努力工作。激励法既是有效管理企业的基本方法之一，也是企业文化建设的有效方法。建设企业文化的激励法很多，视情况而定，下面介绍几种最常用的激励法。

1. 强化激励

强化激励就是对人们的某种行为给予肯定和奖励，使这个行为巩固，或者对某种行为给予否定和惩罚，使它减弱、消退。这种工作过程称为强化，前者称为正强化，后者称为负强化。正强化的方法主要是表扬和奖励。表扬就是表彰好人好事、好思想、好经验。奖励可分为物质奖励和精神奖励，两者必须配合得当，有机结合。负强化的主要方法是批评和惩罚，批评的主要方法有直接批评、间接批评、暗示批评、对比批评、强制批评、商讨批评、分阶段批评、迂回批评等。惩罚的主要方法有行政处分、经济制裁、法律惩办等。

2. 支持激励

支持下级的工作，是对下级做好工作的一个激励。支持激励包括尊重下级、尊重下级的人格、尊严、首创精神、进取心、独到见解、积极性和创造性；信任下级，放手让下级工作，为下级创造一定的条件，使其胜任工作；支持下级克服困难，为其排忧解难；增加下级的安全感和信任感，主动为下级承担领导责任等。

3. 情趣激励

有情方能吸引人、打动人、教育人，也就是说，只有激发人的同情心、敬仰心、爱慕心，才能产生巨大的精神力量，并影响人们的行为。实践证明，许多效果显著的讲话、谈心，都离不开流露于言语中的激励，同时还要注意有情与有趣的结合，员工除了紧张工作外，还有更广泛的兴趣。因此，企业应采取多种措施，开展丰富多彩的活动，培养和满足员工的乐趣与爱好，从而激发其工作热情。

4. 榜样激励

榜样的力量是无穷的。它是一面旗帜，具有生动性和鲜明性，说服力最强，容易在感情上产生共鸣。有了榜样，可使企业学有方向，干有目标，所以榜样也是一种有效的激励方法。

第三节　成功有效的企业文化体系构建

一、企业文化目标体系构建

企业文化目标体系构建是指明确企业文化建设的目标以及实现目标的路径和方法，指导、部署企业文化建设工作，确保企业文化建设有计划、系统性地层层推进。主要包括制定企业文化战略、企业文化建设实施纲要、分阶段的目标及实施规划等内容。

（一）目的与意义

企业文化目标体系是企业文化建设一切工作实施的"统领"，其内容决定了企业文化建设方向的准确性、计划的有效性与可行性。同时，也是支撑企业发展总体战略的重要组成部分，确保企业文化建设形成整体规划、有序推进的工作格局。如武汉长林教育投资有限公司企业文化愿景目标就是汇才成林，打造教育一流品牌。长林教育汇聚八方精英人才，成为明师的集聚之地，这里的明是明白的明，明天的明，老师是明白的老师，明事理的老师，指引学生走向辉煌明天的老师，也寓意老师通过锻造最终成为名师。将通过发挥明师的智慧，形成特色教育，特在传承中国传统文化，特在传承红色基因，特在拓展国际视野。长林教育将在新时代精神指引下，努力有作为，力求最终铸造成华中地区一流民办教育品牌。

（二）构建体系

构建包含三个步骤，调研诊断、体系制定、体系实施。

调研诊断是企业文化目标体系构建的基础，侧重于对企业文化发展战略的诊断分析，包括未来建设的方向与重点。

体系制定是核心内容部分，包括企业文化战略制定、企业文化建设规划方案制定等。

体系实施是企业文化目标体系实现的过程，即后续各子体系实施的内容，此处不展开描述。

（三）主要工作模块

1．目标体系调研诊断

输出成果：企业文化战略分析报告。

通过对企业领导、中层管理人员、基层管理人员、一般员工进行访谈、座谈、实地调研、问卷调查、文献研究等多种形式，对企业内外部环境、企业文化现状进行广泛深入的调研，从定性和定量角度综合分析和准确掌握企业文化现状以及面临的发展环境状况，厘清企业未来发展方向，寻找企业文化建设的重点和方向，并做出准确的判断和定位，形成企业文化战略分析报告。

2．目标体系制定

输出成果：企业文化战略规划、企业文化建设规划及实施细则（含规划、目标分解、工作进度表等）。

（1）确立企业文化战略目标

要求与公司总体战略目标形成一致性。

（2）划分企业文化战略阶段

由于不同企业的发展具有不平衡性，企业文化建设的进程也有先有后，这就决定了企业文化战略需要根据企业实际所处战略阶段的特性，分阶段、分步骤地实施，以利于企业文化战略的持续进行并支撑企业总体发展战略。一般而言，企业文化战略阶段可分为初创阶段、上升阶段、成熟阶段、变革阶段。

（3）明确企业文化战略重点

根据企业所处的不同战略阶段，明确企业文化战略重点。例如，有的重点在于企业文化理念提炼；有的重点在于企业文化宣贯、树立企业形象；有的重点在于规范制度、文化融入管理等。

（4）制定企业文化战略规划

依据企业文化战略分析报告，制定具有可行性的企业文化战略规划。具体的战略规划，可以根据企业不同时期的不同重点，划分为总体战略和各部门、各单位、各下属的分体战略，同时也可以根据时间的推进进行战略目标分解并提出相应的实施方案。战略规划在注重有效性与可行性的同时，还需要准备必要的应变方案。

3．工作要点提示

（1）注重内外部统一

企业文化目标体系是一切企业文化建设工作实施的统领，因此，做到内外部统一对于目标体系的构建尤其重要。主要从以下方面予以确保：一是与行业发展要求和趋势、母公司发展战略和文化战略相统一、相匹配；二是与企业自身发展战略相统一，支撑企业总体发展战略；三是与企业文化现状相统一，突出前瞻性、可实现性与激励性。

（2）注重战略目标分解

一个成功的目标体系，必须内容清晰、科学合理、可行性强。因此，战略目标分解是其中的一个关键要素。一般是通过把规划方案的总体目标按照时间进度、部门、人员分解为各种短期计划、部门行动方案、岗位责任书以及相关操作程序，使各级管理人员和员工明确各自的责任和任务，以保证各种实施活动与企业文化规划目标和任务保持一致。

（3）遵循"SMART"原则

目标体系构建应遵循"SMART"原则，即specific——明确性，目标体系必须是具体的；measurable——可衡量性，目标体系必须是可以衡量的attainable——可实现性，所设立的目标必须是可以达到的relevant——相关性，目标体系中各项目标之间必须具有相关性；time based——时限性，目标设置必须具有明确的截止期限。

二、企业文化保障体系构建

（一）实践指导

企业文化保障体系构建是指坚持"系统化、规范化、制度化和科学化"等"四化"的原则下，通过不断优化企业内外部环境、创造良好实施条件，为企业文化建设提供全方位的支持，确保企业文化建设扎实、有效推进。保障体系主要包括组织保障、队伍保障、制度保障与物质保障等四个模块。具体内容包括设立领导机构、专职管理部门、实施小组，建设专兼职宣贯队伍，进行企业文化软硬件建设，加强知识管理，完善各项宣贯制度以及相应的激励制度等。

1．目的与意义

通过搭建"职责清晰、机制完善、物质保供、环境优良、全员参与"的保障平台，使企业文化战略得到高效执行，并对整个企业文化体系的构建与完善提供全方位的基础支撑，保障企业文化建设行动决策科学、执行有力、规范有序、有效推进。

2．主要工作模块

（1）组织保障

输出成果：企业文化建设组织机构设置、成员名单、岗位职责说明书。

企业文化建设的成功与否，往往取决于组织机构的领导与实施力度，其统筹、协调、管理和监督功能至关重要。要求建立"高层领导牵头负责、各职能部门相互配合实施、基层小组全面渗透、外聘专家指导支持"的组织结构，形成"横向到边、纵向到底"的企业文化建设推进网络。通常的组织机构可以分为企业文化建设委员会、企业文化建设职能部门、基层文化建设小组、外聘企业文化专家智囊团四类，机构设置后应该赋予相应的明确职责。

企业文化建设委员会是确立企业文化建设目标与方向、制定企业文化建设规划、保障企业文化落地、最终实现战略目标的核心机构，是企业文化建设的最高领导机构。企业文化建设委员会主要负责企业文化发展战略制定、企业文化建设规划与实施方案制定、企业文化建设工作协调与监督，具有权威性、代表性与协调性等特征，其人员构成主要是企业领导层、中层骨干、员工代表及专家等。

企业文化建设职能部门直接接受企业文化建设委员会的领导与管理，具体负责企业文化战略实施、组织各部门开展企业文化建设工作，是确保企业文化有效渗透到各部门的具体执行机构，具有专业化、执行有力和高效等特征。具体岗位可设置企业文化部部长、企业文化师、企业文化专员等。

基层文化建设小组可分为部分职能部门负责的"亚文化"建设小组以及班组成立的班组文化建设小组，凭借其形式多样、覆盖面广、贴近员工、反馈效果快的特征，促使企业文化组织保障延伸到各职能部门、各班组，广泛调动员工参与企业文化建设的积极性，并形成全员参与企业文化建设的良好氛围。

（2）队伍保障

输出成果：企业文化宣贯员队伍建设管理办法。

队伍保障主要是指组建一支职业化、专业化的企业文化宣贯队伍，确保企业文化研究、培训、宣贯、评估等工作有效、持续、深入开展，通过宣贯员队伍深入各部门、各岗位对企业文化进行有效宣贯并协助研究、评估考核管理，保障企业文化宣贯工作"横向到边、纵向到底"，从而促进企业文化理念深入人心，实现企业文化"从员工中来、到员工中去"。

要求对宣贯队伍持续、定期开展培训活动，进行专业化培养（学习内容涉及企业文化专业知识、演讲技能、备课技能、企业文化建设工作管理等），注重宣贯队伍的企业文化专业知识培训以及演讲技能提升。同时要明确宣贯员的职责，例如除了宣讲、培训，还应承担研究、评估、考核等企业文化建设管理工作。考虑到宣贯员能力的不平衡性，初期可建立不同"梯次"的宣贯员队伍，即部分只负责宣讲与培训，部分则可以深度参与企业文化建设管理工作。

除了建设一支职业化、专业化的企业文化宣贯队伍以及队伍保障工作的实施，还应与人力资源管理部门紧密配合，不断提高企业整体员工队伍的能力与素质，其目的是通过提升企业文化建设主体的能力来确保企业文化建设深入、高效地推进。

（二）工作要点提示

1．组织保障方面

企业文化建设组织机构的设置与运行应注重以下几项原则。

（1）权威性与战略性

主要指充分发挥企业文化建设委员会，即企业文化建设最高领导机构的作用，奠定企业文化建设的战略地位，并充分发挥高层领导的引领示范作用。

（2）稳定性与灵活性相结合

既要有稳定的组织机构、人员与管理制度及流程来确保组织机构的运行、企业文化建设工作的有效执行，又要有高层的持续指导、战略调整以及外部智囊团的灵活支持，以适应不断变化的环境。

（3）权责分明，分工合理

各主要岗位应该按照目标分解，承担明确的职责、享有应有的权利，要求做到任务合理分配、职责清晰，尽量避免不均衡、职责不清等现象。

（4）重点建设基层文化建设组织

由于基层文化建设组织涵盖各职能部门、各班组，可以说是企业的"组织细胞"，通过基层文化建设组织推行企业文化，有利于企业文化全面植入各岗位、各管理环节，是企业文化有效落地的关键环节。

2．队伍保障方面

（1）注重宣贯队伍的专业化培养

不仅要培养宣贯员的企业文化专业能力，还要提升其演讲技能、备课技能等，另外还要注重灌输行业发展形势、行业文化诉求导向、集团或公司战略等方面的知识。

（2）要明确宣贯员的职责

除了宣讲、培训，宣贯员还应承担研究、评估、考核等企业文化建设管理工作，不过对于有些企业来说，可能宣贯员能力不平衡或者时间不够充裕（宣贯员通常由其他部门的人员兼任，并非专职），初期可建立不同"梯次"的宣贯员队伍，即部分宣贯员只负责宣讲与培训，部分则可以深度参与企业文化建设管理工作。

3．制度保障方面

企业文化相关管理制度的设计应注重以下原则。

（1）切合实际

应根据企业的战略目标、企业文化建设目标、企业文化理念要求、企业性质特点、企业现状、行业特点、企业历史特点和员工具体情况来拟定制度内容。

（2）一致性

制度要与企业文化理念、企业行为、企业物质保持高度一致，构成有机统一的企业文化"四层次"；制度（包括企业的内部管理制度体系）要与企业战略目标保持高度一致，不能相互矛盾。

（3）刚性与柔性的结合

一方面，制度设计与执行应体现制度的权威与刚性，做到制度是纲、奖罚分明、一视同仁，促使企业文化理念"固化于制"；另一方面，可以从"柔性"的角度，适当从正向激励方面来设计制度。

（4）可操作性

制度与流程应该尽量精简、实用、好理解，考核指标尽量量化并落实到位，便于操作与执行，重在解决实际问题。

（5）创新性

面对不确定的环境与形势，制度应该顺应形势变化，不断调整、更新，持续改进。同时，制度还应充分发挥正向激励功能，营造良好的创新与良性竞争氛围，推动企业的创新与变革。

4．物质保障方面

物质保障方面，一方面要保证资金的正常投入，确保企业文化建设工作的正常运行；另一方面也要注重合理规划，节约成本。因此，需要根据企业建设的实际需求，科学、合理地规划软硬件建设，例如根据企业文化建设阶段的不同，所需要的硬件建设重点应该有所区别，也不可能一步到位，因此，合理的规划与满足实际需求的重点建设至关重要。

另外，物质保障工作不能仅仅是为了"摆设"，而应该充分体现企业文化的核心价值导向。例如，工作环境的营造，需要与企业文化核心理念融为一体，从而营造良好的企业文化氛围，真正为企业文化建设提供最优的"物力"支撑。

三、企业文化识别体系构建

企业文化识别体系主要包括理念识别体系、视觉识别体系和行为识别体系三大部分，是企业文化对外的"窗口"，也是企业文化建设的基础。企业文化识别体系构建，需要在战略思想指导下，结合自身实际和未来发展需要，总结、提炼出符合自身的企业文化理念体系，并构建相应的行为识别体系、视觉识别体系。其中，理念识别体系处于核心层次，是形成制度文化、行为文化和物质文化的思想基础，是视觉识别体系和行为识别体系建设的前提。

（一）目的与意义

企业文化识别体系的构建是一切企业文化行动的基础，尤其是其中的核心理念体系是全体员工日常工作与行为的最高行动纲领，是员工树立共享价值观的重要前提；同时，企业文化识别体系的构建，又是企业文化对外展示的"窗口"，有利于企业良好社会形象的树立与传播。

（二）工作体系构建

1.现状调研

主要通过员工访谈、座谈、问卷调查、文献资料研究、外部客户反馈调查、实地调研等方式，运用各类企业文化研究工具，全面调研地域及社会传统文化、企业发展历程以及高层领导影响、内部管理、员工精神面貌及工作风格、员工秉持的价值观等企业文化现状。

2.诊断分析

在企业文化现状调研的基础上，结合企业发展定位，分析内外部环境变化、行业趋势、发展战略等因素，明确未来发展所需的文化要素，诊断企业文化现状与期望文化之间的差距，从而确定识别体系构建的工作重点与方向。

3.体系构建

主要从理念识别体系、行为识别体系与视觉识别体系三方面进行构建，尤其是要总结提炼出适合企业自身发展需求的企业文化核心理念体系。

4.体系应用

主要指结合企业文化培训体系、传播体系、激励体系、融入体系等的构建，通过培训、传播、融入管理，逐步将企业文化识别系统导入、深化、提升，有计划地将企业的精神内涵与各种经营信息传递给员工以及社会公众，促使其产生认同感与其同价值观。

（三）主要工作模块

1.建设理念识别体系

输出成果：企业文化理念体系、企业文化手册。

理念识别体系，即企业文化核心理念体系，属于"精神层文化"范畴。作为识别体系的核心层次，它是整个识别体系构建的前提，也是企业全体员工的最高行动纲领。

理念识别体系的建设，应坚持传承与创新相结合、鼓励员工参与、兼具行业共性与企业个性等原则。要求基于调研、诊断结果，归纳总结企业发展历程中积淀而成的优秀文化元素，并结合行业文化、企业实际和未来发展需要，在反复研讨、员工意见征集的基础上精心提炼企业文化核心理念、具体的价值理念等，最终构建形成企业文化理念体系。

2．建设行为识别体系

输出成果：员工行为规范、员工服务手册等。

企业行为识别体系是企业文化理念的具体行动表现，即"实化于行"的过程，属于"行为层文化"范畴。它通过各种行为或活动贯彻、执行与实施企业文化理念，是一种动态的识别形式。企业行为识别体系往往要求全体员工在企业运营活动过程中以统一、规范的语言及行为向公众展示企业的形象。

企业的行为识别体系分为对内、对外两大部分，对内包括员工行为规范化、教育培训、各类生产经营管理活动、规章制度制定、企业内部环境营造等；对外包括市场调查、产品销售、客户服务、广告促销、公关关系、公益活动、对外传播等内容。

这里主要指的是企业对内的"员工行为规范化"，例如制定员工行为规范、员工礼仪规范、执行力手册、员工服务手册等。

（四）工作要点提示

调研是基础，理念是核心。由于理念识别体系处于核心层次，是形成制度文化、行为文化和物质文化的思想基础，是行为识别体系和视觉识别体系建设的前提，因此，理念识别体系建设成果的质量好坏，直接关乎整个识别体系建设乃至企业文化建设的成败。而理念识别体系建设的关键在于前期的调研分析，只有对企业文化现状、企业内外部环境进行充分的调研、诊断分析，才能科学提炼符合企业发展需要、符合行业及时代要求的理念体系，才能为企业文化建设工作奠定良好基础。

企业识别体系作为建立企业形象的有效途径，是一个相对独立而又完整的品牌战略体系，其目的在于传播核心理念、树立品牌形象，实际上也是企业文化理念提炼、统一思想与行为、对外传播的过程，在某种意义上，企业识别体系是企业文化的外显形式，也是企业文化建设的重要组成部分。因此，在企业识别体系构建过程中，需要突出重点，注意与其他体系构建工作的协调，即避免脱离整体企业文化建设的轨道，而应服从系统化、规范化、制度化与科学化的企业文化建设体系。

参考文献

[1]李延菲，吴三丰，张晓东．人力资源管理艺术与企业建设[M]．南京：江苏凤凰美术出版社．2018．

[2]邢涛．九段HR 中国企业人力资源管理一本通[M]．北京：当代世界出版社．2018．

[3]李存华．明清晋商人力资源管理研究[M]．北京：中国农业大学出版社．2018．

[4]易南．世界500强人力资源总监管理笔记[M]．北京：中国商业出版社．2018．

[5]胡云峰．企业运营管理体系建设[M]．武汉：华中科技大学出版社．2018．

[6]侯其锋，乔继玉．人力资源和社会保障政策法规解读及案例讲解 2018版[M]．北京：国家行政学院出版社．2018．

[7]王晓平，尚猛，李瑶．企业管理的创新模式[M]．北京：煤炭工业出版社．2018．

[8]曹锋．天天向上 老HRD手把手教你做好人力资源[M]．北京：中国铁道出版社．2018．

[9]梁春满．企业管理标准化体系建设实战指南[M]．合肥：合肥工业大学出版社．2018．

[10]朱勇国．雇主品牌建设与管理[M]．北京：首都经济贸易大学出版社．2018．

[11]王喆．新经济环境下现代企业战略管理研究[M]．北京：中国商业出版社．2018．

[12]贺知东．企业成本管理操作实务大全[M]．北京：企业管理出版社．2018．

[13]杨家诚．中小企业学华为[M]．北京：中国经济出版社．2018．

[14]王兆善．铁路企业文化纵横探[M]．北京：中国铁道出版社．2018．

[15]饶亮．企业发展战略与内部控制[M]．长春：吉林出版集团．2018．

[16]陈春花．变革与创新 陈春花文集 第1集 管理研究 2[M]．广州：华南理工大学出版社．2018．

[17]王建民，于海波，李永瑞等．公共管理新论[M]．北京：知识产权出版社．2018．

[18]刘雅婧．"代"+"理"社区建设及运营研究[M]．北京：中国财富出版社．2018．

[19]陈万里．佛山政府、企业"互联网+" 兼论城市社区治理与服务[M]．广州：中山大学出版社．2018．

[20]邹善童．薪酬管理实操全流程演练 实战案例版[M]．北京：中国铁道出版社．2018．

[21]王树文．信息系统项目管理师考试论文通关宝典 第3版[M]．北京：机械工业出版社．2018．

[22]石庆敏．HRD员工培训管理实操全流程演练[M]．北京：中国铁道出版社．2018．

[23]熊坚．中国式阿米巴之项目制人单合一精益经营管理[M]．广州：华南理工大学出版社．2018．

[24]毛少鸣．从招聘、入职到离职管理实操全流程演练[M]．北京：中国铁道出版社．2018．

[25]新海．HRBP高级修炼[M]．北京：企业管理出版社．2018.

[26]贾江华．领导学教程[M]．北京：北京邮电大学出版社．2018.

[27]王振总．企业人力资源管理师 1级[M]．北京：中国劳动社会保障出版社．2020.

[28]孙锐．中国科技企业战略人力资源管理、组织情绪能力及其对创新的影响[M]．北京：经济科学出版社．2020.

[29]余兴安．中国人力资源发展报告[M]．北京：社会科学文献出版社．2020.

[30]李蒋．汽车维修企业管理[M]．南京：江苏凤凰教育出版社．2020.

[31]张宪．企业管理创新与实践[M]．北京：现代出版社．2020.

[32]林汉川，王分棉，邱红．中小企业管理[M]．北京：高等教育出版社．2020.

[33]黄静，侯心媛．物流企业管理[M]．北京：中国财富出版社．2020.

[34]罗建华，安四明．企业行政管理实务[M]．北京：机械工业出版社．2020.

[35]杨辉．农业企业经营与管理[M]．哈尔滨：哈尔滨工程大学出版社．2020.

[36]么志丹．化工班组管理实务[M]．沈阳：东北大学出版社．2020.